地名の謎を解く

隠された「日本の古層」

伊東ひとみ

新潮選書

地名の謎を解く　隠された「日本の古層」　目次

【凡例】

・【付録】「まだまだある、気になる地名たち」には本文の補註としての役割をもたせ、本文中の関連している箇所に付録の項目番号を振った。

・引用に際しては、原則として本文中に出典を明記したが、古典の原典については、巻末の引用・参考文献リストに示した。

・古典の引用においては、原典どおりルビも旧かな遣いとしたが、旧字体は適宜、新字体に改めた。ただし、古典を要約して引く際には現代語訳とし、「　」で表記したものもある。

・『古事記』『日本書紀』などに見える神名や人名は、原則として旧かな遣いによるカタカナ表記とし、必要に応じて原文の漢字表記を併記した。

・神名の尊称（神、大神、命《みこと》、尊《みこと》など）は必要な場合を除いて割愛した。

・神社の祭神については、それぞれの神社で用いられている表記に従った。

図表製作　アトリエ・プラン

地名の謎を解く

隠された「日本の古層」

序章　「地名」が日本の原郷へいざなう

神宿る大地

――世の始まり。混沌とした世界に初めて天と地が姿を見せたとき、大地はまだ水に浮かんだ脂のようで、海月《くらげ》さながらにゆらゆらと漂っていた。高天原《たかまのはら》の神々から国づくりを委ねられた男女神のイザナキとイザナミは、天浮橋《あめのうきはし》に立って天沼矛《あめのぬぼこ》を指し下ろし、下界をかき回して引き上げた。すると、矛の先からしたたり落ちた潮が重なり積もって島ができた。それが「おのごろ島」で、イザナキとイザナミはこの島に降り立って、「みとのまぐはひ」（男女の性交）によってたくさんの島々を生み出していった。

日本の国土創成の物語としておなじみの「国生み神話」である。

『古事記』の記述では、最初に生んだのは現在の淡路島に当たる「淡道之穂之狭別島《あはぢのほのさわけのしま》」とされる。次に生んだのは「伊予之二名島《いよのふたなのしま》」だ。これは四国に相当する。さらに「隠伎之三子島《おきのみつごのしま》」（隠岐島）、「筑紫島《つくしのしま》」（九州）、「伊伎島《いきのしま》」（壱岐島）、「津島《つしま》」（対馬）、「佐度島《さどのしま》」（佐渡島《さどがしま》）、「大倭豊秋津島《おほやまととよあきづしま》」（本州）と、合わせて八つの島々、いわゆる「大八島国《おほやしまぐに》」を生む。それからまた六つの島々を生んで、これら一四島をもって国生みが完結したとされている。

『古事記』と『日本書紀』（以下、「記紀」と総称）では、こうした「国生み神話」に次いで、山川草木の神々を生み出す「神生み神話」が語られる。こう言うと、「国」と「神」がまったく別物として区別されているように思われるかもしれないが、じつは、国生みで誕生した島々にも神としての〝人格〟が与えられ、名前がつけられている。

たとえば「伊予之二名島」は、体は一つだが、面が四つあり、面ごとに「伊予国《いよのくに》」は「愛比売《えひめ》」、「讃岐国《さぬきのくに》」は「飯依比古《いひよりひこ》」、「粟国《あはのくに》」（阿波国）は「大宜都比売《おほげつひめ》」、そして「土左国《とさのくに》」（土佐国）は「建依別《たけよりわけ》」と呼ばれていた。伊予国につけられた「愛比売」とは、「愛」＋古代の高貴な女性につける接尾語「ヒメ（比売・姫・媛）」で、愛らしい女性の意。すなわち伊予国に宿る女神の名前を表している。現在の愛媛県は、このゆかしい女神の名を県名の由来としているわけである。阿波国の「大宜都比売」も女神だ。

また、土佐国の「建依別」は、語尾に男性の称号である「ワケ（別・和気・和希）」がついていることから男神とわかる。「建」は「健・猛・武」と同義。つまり「建依別」とは、たけき男子という意味になる。土佐人気質というと、頑固で気骨のある男を指す「いごっそう」が有名だが、そんなイメージを彷彿させる名前である。讃岐国の「飯依比古」も男神だ。「ヒコ（比古・彦・日子・毘古）」が男性の称号の一つで、古くは地方の首長や身分の高い男性を表す尊称とされていた。

このようにそれぞれの地に神が坐《い》ますことで、大地は豊かな世界になると古代には考えられていた。わが国においては、かつては大地もまた神様だったのだ。

古代、人は「草」だった

一方、人間は「草」と認識されていたらしい。『古事記』には、「現《うつ》しき青人草《あをひとくさ》」とある。「夢か現《うつつ》か」という言葉があるように、「現しき」は「現実の」とか「現実にこの世に生きている」といった意味。「青人草」については、国文学者の三浦佑之《すけゆき》氏（直木賞作家の三浦しをん氏の父上でもある）は「青々とした人である草」と解釈している。つまり、「古代の人びとにとって、人はまさに『草』そのものだった」（『古事記講義』初出二〇〇三年、のちに文春文庫、二〇〇七年）というのである。

人間の住む世界は、「記紀」では「葦原中国《あしはらのなかつくに》」と称されている。〝天（高天原）と地下（黄泉《よみの》国《くに》）の中間に位置する、葦が生い茂る国〟という名が示すとおり、みずみずしい緑に恵まれた湿潤なこの国の、神宿る大地から萌え出てきた草――それが私たち人間だ。古代の人々はそんなふうに捉えていた。

人と草が同格とは、神話ならではの荒唐無稽な話ではある。しかし、日本人は古来、山や川、海、森など自然のいたるところに神を感じ、人は自然に生かされていると受け止めてきた。「自然」という言葉にしても、明治時代に「nature」の翻訳語として用いられるようになるまでは、「自ずから然り」の意味で、おのずからそうなっているさまを表すものだった。そう考えると、葦原からひとりでに芽を出し、土と水と太陽の恵みに抱かれて成長していく「青人草」のイメージは、八百万《やおよろず》の神に象徴される日本人の宗教的自然観を想起させる。

西洋風の近代合理主義的な思考になじんだ現代人にとってみても、阪神・淡路大震災や東日本大震災、熊本地震、さらに火山の噴火、巨大台風、大洪水、地すべり……次々と襲い来る自然災害のすさまじさを目の当たりにすると、自然の無常に打ちひしがれ、草と人の区別もあやふやな心持ちになってくる。大自然から見たならば、草も、人も、なす術もなく立ちすくんでいる姿に大差はなく、どちらも同じ。なるほど、人は草かもしれないと、しみじみ思う。

国魂行き交う〝地名の森〟

むろん現代では、人間と植物の間の垣根は高い。しかしそれでも、「青人草」のフレーズが不思議と胸に刺さるのは、私だけに限ったことではないはずだ。これほど心揺さぶられるのは、この神話的イメージがはるかなる時を超えて脈々と受け継がれ、二十一世紀を生きる私たちの意識の底深いところにも、遺伝的記憶として根を下ろしているからではあるまいか。

じつは、筆者がこうしたことについて深く思索をめぐらすようになったのは、一つには言うまでもなく、頻発する被害甚大な天災によって、日本固有の自然風土を否応なく意識させられているためだが、加えてもう一つは、自身の内的体験として〝地名の森〟の奥を覗いてしまったことが大きい。

日本人の名前について考察した前著『キラキラネームの大研究』（新潮新書、二〇一五年）を執筆するにあたって、フリガナがなければ読めない、いわゆる「キラキラネーム」が急増している謎を追って〝日本語の名づけの森〟に分け入った際、〝人名が集う森〟以上に鬱蒼とした樹林を呈していたのが〝地名の森〟であった。その森の奥を覗き込むと、そこには「国魂《くにたま》」（古代びとは土地にも魂があると考え、国土そのものを神格化して「国魂」と呼んだ）が行き交っていて、地名が原初的な神話世界とつながっていることがひしひしと感じられた。そんな太古からの歴史を秘めた〝地名の森〟では、人はまさしく「青人草」。この言葉が強烈なリアリティをもって私に迫ってきたのだった。

大地の悠久の歴史に比したら、人の一生は夢のように儚《はかな》く短い。親が子供の幸せを願い、思いの丈を込めてつけた名前も、その子一代限りのものである。一人ひとりにつけられた人の名はそれぞれの人生に連れ添った末に、人の入れ替わりとともにそのつど更改されていく。

対して、地名はその始まりさえ定かではない。有史以前の自然地名が受け継がれて伝わったものもあれば、江戸時代の城下町で生まれた地名や、近代になって誕生した地名もある。中には驚くほどの寿命を有しているものもある。冒頭で紹介した国生み神話で出てきた「愛比売」（愛媛）、「隠伎」（隠岐）、「津島」（対馬）、「佐度」（佐渡）などは、当てられている漢字は変わったものの、現代まで継承され、いまだ現役で使われている。さらに、三世紀の中国の史書『三国志』の中の「魏志倭人伝《ぎしわじんでん》」にも、すでに「対馬」の地名が見える。

さまざまな時代の人間の営為を反映して生み出された雑多な地名が、幾多の曲折を練り込みながら公《おおやけ》のものとして受け継がれ、混在したまま人々に使われてきた。その渾然たるさまは、まさに森の趣である。そんな深みをたたえる〝地名の森〟の全貌は、容易にはうかがい知ることができない。当然のことながら、地名は人名と一緒に語るには、あまりに大きすぎる領域である。それゆえ、前著においては、〝地名の森〟に踏み込まずに素通りするほかなかった。

しかしこの森には、過去の歴史を刻み込んだ地名や、地形を表した地名、災害を警告する地名など、この国の歴史や地理につながる地名が集っている。また、日本語の成り立ちにも関わってくる、初見ではどう読むのかわからない難読地名も多い。〝地名の森〟の奥深いところには、この国の歴史や文化、日本人の心のあり方が刻まれていることは遠目にも明らかで、それに気づきながら、そのまま捨て置くことなどできようはずがない。

名づけるという行為は、名づけの対象を人間の世界に引きずり込み、意味を貼りつけてコトバで縛ることである。地名は明確な由緒や命名者が特定できないことから、とかく所与のものとして受け止められがちだが、地名といえども、名づけられしもの。この列島で暮らした人々のコトバによって認識の枠をはめられた名前である。そこには、その名を了解し流通させた人々の心性が消しがたく絡みついている。

〝地名の森〟の深奥には、日本人の心の古層につながる世界がある。そう確信した私は、その実相を解明すべく、ふたたび〝日本語の名づけの森〟に分け入って、地名をめぐる旅に出ることにした。本書は、先達が残してくれた研究成果を道標《みちしるべ》にして、筆者が試みた〝地名の森〟のフィールドワークの成果をまとめた書。言わば、地名をめぐる調査報告書である。

人と大地をつなぐ臍の緒

国魂に誘われて垣間見る地名の世界は、幾千年にわたって日本列島に暮らしてきた人々の情緒や感慨が刻み込まれた、まさに神宿る大地の名前と呼ぶにふさわしいものだった。八世紀初頭に成立した『古事記』『日本書紀』には、神話の舞台となった地名が記されているし、同時代に撰進された『風土記《ふどき》』には、地名の由来を語った説話がたくさん収められている。

私は静岡県焼津市の出身なのだが、記紀神話によれば、「焼津」の名は、ヤマトタケルが東征の途中で賊に襲われたとき、草薙剣《くさなぎのつるぎ》で草を薙ぎ倒し、そこで向かい火をつけて賊を滅ぼしたという逸話に由来するといわれている。この由来譚を同じく起源とする「草薙」という地名が、列車で三〇分近く離れた静岡市清水区にあり、子供の頃、〝同じ話をもとにしているのに、どうしてあんなに離れているところにあるのだろう〟と怪訝に思った記憶がある。もっとも、そんな疑念はすぐに都合よく棚に上げて、自分の生まれた土地が日本神話の英雄とゆかりがあることが誇らしく、さまざまに想像をかきたてられたものだった。

われわれ人間は大地の子どもである。その大地は、われわれの生命を育んだ母に相当します。大地とどういう形で結ばれているかといいますと、それは地名によって結ばれるわけです。(中略)土地に名前があって初めてその人間と大地とのつながりができるわけです。母親と子どもをつなぐ臍《へそ》の緒に相当するものが地名なのです(ルビは引用者による)。

『神は細部に宿り給う』(人文書院、一九八〇年)所収の「地名――土地に刻まれた文化遺産」の中でこう記しているのは、在野の民俗学者として活動し、地名研究の碩学《せきがく》として知られた谷川健一氏だ。たしかに地名がなければ、日本の歴史も語れないし、自分の人生も語れない。そこに地名があることで、私たちはこの世界とつながり、その地の風土に根ざした歴史・文化や情緒から栄養分を摂取することができるのである。

そういえば日本人の苗字も、七割から八割が地名にちなんだものといわれている。武家においては、地名を名乗ることがその地の支配者であることを示したことから「名字」が生まれ、代々継承されていく中で「家名」化していったとされる。そんな「名字」が「苗字」と表記されるようになったのは、大藤《おおとう》修著『日本人の姓・苗字・名前——人名に刻まれた歴史』（吉川弘文館、二〇一二年）によれば、「名字は家の出自・由緒を示すので、同種同根の苗裔《びょうえい》の標識」という意味かららしい。

「苗裔」とは聞きなれない言葉だが、遠い子孫、末裔といった意味をもつ。つまり、「苗の末裔」ということだ。武士にとって先祖開発の所領は「一所懸命の地」である。その地を継承する子孫を「苗」に見立てるとは、中世の人々もやはり、人は大地に根ざしている、と感じていたに違いない。

漢字を脱皮していく地名

ひるがえって、現在はどうか。現代人にとっては、人間と大地をつなぐ紐帯《ちゅうたい》はずいぶんと細くなってしまっていると言わざるを得ない。かつて喜怒哀楽に富んだ神々がさんざめく神話世界と地続きだった地名の世界は、今ではすっかり近代化の波に洗われている。

国のかたちが変わり、社会の仕組みが変わり、行政区画が変われば、地名も昔のままではいられないのは致し方ないことではある。しかし、明治以降は近代化・合理化の名のもとに地名の抹消や改変が繰り返されることとなり、「明治の大合併」「昭和の大合併」「平成の大合併」といった節目のたびに、その土地の歴史につながる古い地名がいとも簡単に打ち捨てられ、新しい創作地名が生み出されてきた。

民俗学の立場から安易な地名改変に警鐘を鳴らした柳田國男を筆頭に、その後も地名改悪を批判する学者・研究者は多い。それでも地名改変を押し止めることはなかなか難しく、平成の時代となった現在においては、キラキラ化の波までもが押し寄せている。

そもそも難読名が多い地名の世界。キラキラ化といっても、今どきの子供たちのキラキラネームのように奇抜な当て字によって難読化しているわけではなく、それとは対極の脱漢字化・単純化の方向に向かっている。人と大地をつないでいた臍の緒をあっけらかんと断ち切るように由緒ある漢字地名を捨て去ってひらがな地名に変更したり、新興住宅地の地名を外来語風のカタカナにしたりするケースが増えているのである。

さらに驚くべきは、地名の〝ゆるキャラ化〟である。キラキラネームでは「泡姫」で「ありえる」、「永久恋愛」で「えくれあ」、「最愛」で「もあ」といった途方もなくドリーミングな子供の名前が巷間話題になっているが、それに勝るとも劣らない〝ゆるキャラ〟のような地名が誕生している。お住まいの方々はどう思われているのか、第三者が軽々に評することは慎まなければならないが、「北海道江別市豊幌《とよほろ》はみんぐ町《ちょう》」という地名を知ったときには驚いた。「はみんぐ」とは、従来の地名の概念を大きく逸脱するような名前である。

思えば、人間は山を切り崩し、海を埋め立て、原生的な照葉樹林を針葉樹だけの人工林に変え、大地の姿を大きく変えてしまった。土地の神様は腹を立てて姿を隠してしまわれたのか、あるいは人間が追い出してしまったのか。どちらにしても、現代人にとって地名とは、「神宿る大地の名前」どころか、過去とのつながりなど斟酌する必要もないような「場所を示す単なる記号」に近いものになっているようである。

現代人と神様

近代以降、神々に取って代わって、人間は大地を支配してきた。自分たちが大地の子だという根っこを忘れてしまえば、地名を継承していく意味も曖昧模糊としてきて、地名は場所を示すだけの記号のような存在になってしまう。単なる記号なら、使い捨て感覚で流行りの地名に変えることも、後ろめたさを感じることはないだろう。

しかし、その一方で、ふと疑問に思う。ほんとうにこの国の大地に神様の居場所はなくなってしまったのだろうか。

たしかに、日本古来の神様を信じているかと尋ねられたら、「信仰はしていない」と答える人がほとんどだろう。たいていの人が、お正月にはあらたまった気持ちで年神様をお迎えしたいと思うし、帯祝いや七五三の折には神社にお参りする。が、結婚式はキリスト教の教会で、お葬式は仏教にのっとって行って、平然としている。神も仏もごちゃ混ぜで、とてもなにかを「信じている」と胸を張っては言えない状況である。

　だが、信仰している自覚はほとんどなくても、日々の暮らしの中で家内安全、商売繁盛、安産祈願、受験合格、病気平癒、厄除け、縁結びなど、さまざまなご利益を求めて大勢の人が神社に参拝している。絵馬を奉納し、お札をいただき、ときにご祈禱をお願いすることもある。とても現世利益的で、ただの慣習のようなものだが、それでも私たちは心のどこかで霊験あらたかなることを期待していて、神様にすがることで不思議と気持ちが落ち着いていく。そしてご利益があったかどうかにかかわらず、結果として心に安寧がもたらされる。あまりに生活の一部に溶け込んでいて、「信仰」という言葉でイメージされる「神への絶対的な帰依《きえ》」のようなものではないが、これはこれで立派な信仰の一つのかたちではなかろうか。

「地《じ》の神様」も、そんな信仰の一種といえるだろう。地の神様とは、広く地域をつかさどる氏神様とは違って、住まいの土地固有の神様のこと。土地は人間の所有物ではなく、大地の神様から借りているものと考えられ、古くから家々で地の神様が祀られてきた。「地の神様」という呼称はおもに静岡県の中部・西部から愛知県にかけて見られるものだが、こうした屋敷神信仰は全国に分布している。

　筆者の実家では「地の神さん」と親しげに呼んで、今も家の敷地に石の祠を祀っている。取り立てて「屋敷神信仰」と呼ばれると、「そんな大袈裟なものではない」と一言返したい気持ちになるのが正直なところではある。とはいえ、実家では、家を建て替えた際にも、そんな罰当たりなことはできないということだったのだろう、撤去が検討されることすらなかったから、屋敷神信仰には違いない。

屋敷神として祀ることはしなくても、今でもたいていの家が、家屋を新築する際には地鎮祭を行う。これも、その土地に住む神様を鎮めて土地を利用させてもらう許しを請うために行われる、一三〇〇年以上の歴史をもつ神事である。

また、実家の台所には火の神・竈の神として知られる「荒神様《こうじん》」のお札があった。夫の実家には、台所だけでなくトイレにもお札が貼られている。少し前に流行った「トイレの神様」という歌では、トイレにいるのはきれいな女神様となっていたが、こちらは火焰に包まれ憤怒の相をした「烏枢沙摩明王《うすさまみょうおう》」のお札。炎の功徳によって不浄を清浄な場所に変えるという仏教の教えによるものだ。

神様も仏様も習合した聖なるものが、この国からいなくなったわけではなかった。ひっそりとだが、身近なところに今もいろんな神仏がいらっしゃる。ただ、森羅万象に宿る八百万の神様たちは生活の一コマに組み込まれて形骸化してしまったために、現代人は形式の向こう側にある本質的な意味を意識することがなくなった。西洋風の生活をしている中で、私たちは昔ながらの神々のことをすっかり忘れてしまっていたのである。

してみると、神様に代わって人間が大地を支配しているつもりで自惚れていたが、その実相は、神様と大地、そして地名の縁《えにし》を忘れていただけだった、ということなのかもしれない。

人と天然との交渉の記録

自然に内在する神々のことは遺伝的記憶として受け継いでいたはずなのに、いつの間にか意識の外に置いてすっかり忘れていた——そんなことを思い起こす契機になったのが、あの東日本大震災ではなかったか。一〇〇〇年に一度ともいわれる未曾有の大震災を経験して、私たちは頭から水を浴びせられたように思い知った。そうだ、自然とは、人間の小さな知恵では計り知れない荒ぶる神だったのだ、と。

考えてみれば、日本の自然風土は古代からなんら変わっていない。この国はつねに予測しがたい地震や津波に襲われてきた。ふだん日本の自然は美しく、この上なく恵みに富んでいる。だが、いったん狂暴な顔を見せ、荒れ狂ったときには、人間の力で押さえつけることはおよそできるものではない。こうした自然風土で暮らしている以上、いくら西洋風のライフスタイルに変わろうが、スマートな都会的生活を送ろうが、経済合理主義的な考え方をしようが、誰も「災害列島」と呼ばれる国土から逃れることはできないのである。

現代の私たちには、昔の人たちのように、「青人草」や「神宿る大地」なるものを無心に信じることは難しい。しかし、心静かに自身に問うてみれば、山川草木に宿る人智を超えたものを畏れ敬う気持ちは、自分の中にも間違いなく存在する。「青人草」に共感する感覚は私の中にもたしかに残っている。

結局のところ、私たちは、遠い祖先からなにを受け継ぎ、なにを置き去りにしてきたのだろう。そもそも、「日本人」とか「日本の伝統」などと、ふだん訳知り顔で口にしているが、私たちはいったいどれほどのことを知っているというのだろうか。この自然風土の中で培われてきた日本人の遺伝的記憶とは、詰まるところ、どういうものなのだろうか。

柳田國男は地名学の礎となった名著『地名の研究』（初出一九三六年、のちに講談社学術文庫、二〇一五年）の中で、地名のことを「いわゆる人と天然との交渉をこれ以上綿密に、記録しているものは他にはないわけである」と述べている。地名はほんの二、三文字の小さな言葉だが、そこには人と自然、人と神との往還から形づくられてきた日本的思考が圧縮されて刻み込まれている。日本人の心性や自然観、宗教観――そうした日本人の原点をひもとく鍵が「地名」という記録メディアの中に〝暗号〟としてセットされているのだ。

つまり、〝地名の森〟に分け入る旅は、「日本人」の足元を見つめ、「日本」の原郷を知る行脚となるものなのである。

日本人の心の古層に肉薄するためには、地名の世界に隠された〝暗号〟を見つけ、それを解いていかねばならない。その作業においては、民俗学や歴史学は言うに及ばず、国語学や言語学、考古学、人類学など、多様なジャンルの専門的な知識が必要とされる。浅学菲才《せんがくひさい》の筆者が〝地名の森〟で歩を進め、曲がりなりにもフィールドワークができたのは、ひとえに先達の専門家の優れた研究に学ばせていただいたおかげである。それは言うまでもないことなのだが、反面、日本人の心の古層を訪ねるというテーマは、あまりに漠として広範な分野に及ぶため、一つの専門分野を掘り下げて究めていく専門家が研究対象とすることは難しい。そういう意味では、隠された古層を求めて複綜《ふくそう》するジャンルを横断していくなどという無謀な挑戦は、筆者のように学界外にいる者こそ、果敢に取り組むべき仕事なのではないかとも考えている。

地名をめぐる考察はともすると、こじつけの起源論や雑学的なうんちく話になりがちである。本書において心がけたのは、専門家の研究を踏まえた科学的なアプローチを重視すること。同時に、学ぶことによって得た知識をただ羅列するのではなく、地名世界を横断的かつ重層的に捉えて、自分自身の深みにおいて解釈していく、ということである。

私にとって、このフィールドワークは大きな収穫のあるものだった。拙《つたな》いガイド役ではあるが、これからご案内する日本の原郷へさかのぼる旅が、読者の皆様にとっても、新鮮な驚きと発見に満ちたものになるならば幸いである。

それでは、いざ、地名をめぐる旅に出発しよう。

第一章　古層から隔絶する現代地名

〝地名の森〟という迷宮

序章で述べたように、先人から受け継いだ〝地名の森〟の奥深くには、日本人の心の古層につながる世界がある。地名の上には、日本列島で暮らしてきた人々の記憶や情緒が層をなして積もり、幾多の時代の層ごとに、往時の人々の精神や文化が凝縮されている。地名にはたしかに、日本人の心の原点をたどれる手がかりが隠されている。

しかし、古代に用いられていたままの姿で保存され、現代まで命脈を保っている地名がある一方で、あたかも古代からあったように見える地名、たとえば愛知県の「蒲郡《がまごおり》」が、じつは明治期の合併の際に宝飯《ほい》郡蒲形《かまがた》村の「蒲」と西郡《にしのこおり》村の「郡」を合成してつくられた地名だったりする。逆に、奈良市の「登美《とみ》ヶ丘」という、いかにも新興住宅地風で古都らしさが感じられない地名が、神武天皇の「金鵄《きんし》伝説」（『日本書紀』に登場する金色のトビ）にもとづくものだったりもして、外見を眺めただけでは、その地名が長い歴史を背負っているかどうかさえ、容易には見分けがつかない（付録1・2参照）。

そもそも、自前の文字がなかったこの国では、言葉は長らく声のみで伝えられてきた。やがて言葉を書き記す必要に迫られたとき、異国の文字である漢字が導入され、音声に漢字を当てて表記するようになった。その際、同じ地名に異なる漢字が当てられることもあったし、途中でほかの漢字に転じたり読みが転訛したりすることもしばしばで、いつの間にか原形がわからなくなってしまった古地名が少なくない。そのため、地名の由来説話には、もともとの地名の意味とはズレが生じている当て字を字義解釈しただけの、こじつけに過ぎないものも多く、地名の成り立ちや意味の謎を解いていく作業は、専門家でも手を焼く難しさがつきまとう。

言ってみれば、地名とは、その土地に関わる大容量のデータを圧縮保存した記録ファイルのタイトル名なのだ。ＵＳＢメモリをただジーッと見つめていても、その中にどんなデータが保存されているか読み取ることはできないように、地名「○○」というタイトル名だけでは、その背後に刻まれている意味や歴史にアクセスすることはできないのである。

たとえば「鮎川（あゆかわ、あいかわ）」という地名を見たら、その用字から鮎が獲れる川をイメージすることが多かろう。だが、中には、出合い、あるいは川の出合うところを意味する「アイ」という語に由来するものもある。「サクラ」や「イヌ」がついた地名も、桜や犬のことを表しているとは限らない。万事こんな具合だから、書き込まれているデータを読み解くためには言語・地理・歴史などの面から複合的に解読していく必要がある（付録3・20参照）。

ところが、私たちがふだん地名を使うとき、そうした圧縮データの存在を意識することはほとんどない。背後にビッグデータが保存されていることを意識せずとも用は足せるし、だいたいが、はなから知らないで使っている。日常語としての地名は、もっぱらほかの土地との識別のための記号として用いられている。

そんな昨今の地名事情を改めて見渡してみると、現代の地名は日本人の心の古層とは遠く隔たった次元にあって、序章で〝地名の森〟の奥に国魂が見え隠れすると書いたのは幻だったのか、という気さえしてくる。

いや、しかし、〝地名の森〟の深奥に、いにしえから日本人の心を育んできた泉があるのは間違いない。人間が言葉でコミュニケートするようになったのとほぼ同時期に地名は発生し、地名はつねに人の世のことごとの舞台となってきた。日本列島で暮らしていた先人たちの思考や心のありようを映す神話にしても、地名がなければ始まらない。めざすべき場所はわかっている。けれども、そこへ向かう道が崖に阻まれたり、迷路のように入り組んだりしているために、〝地名の森〟の中を歩いていると、エッシャーのだまし絵の世界に紛れ込んだような感覚にとらわれてしまうのだ。

たとえ古代の歴史を背負って往時のままに現在まで伝えられている地名があったとしても、古代の神話的世界と現代の地名世界をつなぐ糸はもつれてからみ合っていて、すんなりと一直線につながってはいない。一口に「地名を手がかりにする」といっても、どうもそれは口で言うほど一筋縄ではいきそうにないのである。

いったい地名をどんなふうに手繰り寄せていったら、日本人の遺伝的記憶を知ることができるのだろうか。迷宮と化している〝地名の森〟を突破するために、まずはともかく、現代の地名世界を展望するところから始めたい。

商標化していく地名

現代の地名に関連した動向で特徴的なのは、地名をいかにブランド化するか、その戦略で各自治体がしのぎを削り、競い合っているかに見えることだ。

近年は地方自治体の多くが財政難に苦しみ、限界集落ギリギリの場所もあちこちで増加している。そんな中で平成二十六（二〇一四）年には、有識者らによる政策発信組織「日本創成会議」（座長、増田寛也元総務大臣）が「消滅可能性都市」のリストを公表。全国約一八〇〇の自治体のうち約半数の八九六が二〇四〇年までに消えてしまう恐れがあると予測して、世間を震撼《しんかん》させた。この「増田レポート」に象徴されるように、各自治体は、人口急減・超高齢化という迫りくる難題に対して手をこまねいているだけでは最悪の場合は消滅してしまうと、ひりつくような危機感をいだいている。

それゆえ、〝生き残っていくためには地域ブランド力がなければならない〟と、存続をかけて必死の取り組みを行っているのである。自治体がそのランキング結果に一喜一憂する「地域ブランド戦略サーベイ」という日経リサーチ社の調査があるが、その名称そのものが、なによりこうした世の趨勢《すうせい》を雄弁に物語っている。

この調査の二〇一三年版で認知度が同率最下位となった滋賀県では、平成二十七（二〇一五）年二月二十五日の県議会本会議で自民党県議が「滋賀県」から「近江県」へ、県名の変更を提案するという動きもあった。旧国名の「近江」の認知度は八八カ国中二九位という好順位となっており、現県名「滋賀」よりも旧国名「近江」のほうの認知度が高く、近江牛など「近江ブランド」は全国的によく知られている。そこで、いっそ「近江県」と名乗ったらどうか、ということになったらしい。

しかも、これは一議員の暴走というわけでもなさそうで、同年六月に実施された県政世論調査においても、県名変更の必要性について尋ねる質問項目が盛り込まれており、どうも大真面目に県名変更が検討されていた節がある。結果的には、「県名を変える必要はない」と回答した人が八割を超えたのだが、この改名話は、地域ブランド力を強化させたいという思いに駆られた末の、窮余の一策だったと思われる。

地域活性化策として、「地名＋アイテム」でネーミングされたご当地グルメやご当地キャラクターなどの「地域ブランド」を町おこしに活用する例も目立っている。

ご当地グルメが一堂に会して人気を争う「Ｂ‐１グランプリ」も平成十八（二〇〇六）年から毎年開催され、そこで優勝した「富士宮やきそば」（静岡県富士宮市）、「横手やきそば」（秋田県横手市）、「なみえ焼そば」（福島県双葉郡浪江町）は一躍有名になり、町おこしの起爆剤となった。「餃子の町」の称号をめぐっては、栃木県宇都宮市や静岡県浜松市が競い合っているほか、本来ならおよそありがたいとは言えない「猛暑」までブランド戦略の一アイテムに用いられ、埼玉県熊谷市、岐阜県多治見市、群馬県館林市がこぞって「日本一暑い町」として積極的にＰＲを行っている。

地名は単なる場所を示す記号ではない。そんなことは、誰にだってわかっていることに違いない。しかし、地名が背負っているおらが郷土の歴史や魅力を全国に知ってもらう第一歩として、とにかく地名の知名度を上げねば、と血眼になっている自治体は、わかりやすいところでのアピールに目が行きがちで、最近の地方行政の場においては、地名というものが観光客や地域ブランドの顧客を集めるための単なる地域ブランドの〝商標〟と化している感がある。こうしたあたりが平成の地名が置かれている現状なのだ（付録4参照）。

「はみんぐ町」に「ときめき」

しかしそうはいっても、地名にさまざまな情緒や感慨をともなう記憶がまとわりついているのは否定しようがない。その地で暮らしてきた人々の喜怒哀楽に彩られた、幾時代にも及ぶ人の世の記憶が、移ろいゆく時間の流れの中で地名の上に静かに積もり続けている。本来、地名のブランド化というのは、それらすべてが積み重なって熟成していくものである。

地名が歴史を積み重ねてブランドになるまでには時間がかかる。地名を変えたところで、急にブランド力がつくわけではない。だが、経済効率を重視する現代にあっては、ゆっくり熟成を待つ時間はないようだ。そんな悠長にかまえている場合ではないとばかりに、思わぬ奇策に打って出るところが少なくない。その奇策とは、地名の〝ゆるキャラ化〟である。巷間話題になっている子供のキラキラネームに勝るとも劣らない地名が、近年急増しているのだ。

序章で紹介した「北海道江別市豊幌《とよほろ》はみんぐ町《ちょう》」には、度胆を抜かれた。江別市というのは札幌のベッドタウンとして発展してきた地域で、「豊幌」地区の名称は、かつて幌向《ほろむい》原野と呼ばれていた地域の中の豊かなところという意味だという。昭和三十一（一九五六）年の豊幌駅開業当時は数軒の農家が点在する農村だったようだが、一九八〇年代後半以降、豊幌駅を中核として新興住宅地が造成されていき、その住宅地が平成十二（二〇〇〇）年に町名変更されて「豊幌はみんぐ町」が誕生した。じつは、このとき生まれたのは「豊幌はみんぐ町」だけでなく、「豊幌花園町」「豊幌美咲町」も加えた全三町。「はみんぐ町」ほどのインパクトはないが、「花園町」「美咲町」のほうも、少女漫画に出てきそうな地名だ。江別市にはほかにも、「萌えぎ野（中央・東・西）」「ゆめみ野（東町・南町）」という地名がある。

新潟市西区の「ときめき東」「ときめき西」も負けてはいない。こちらは、旧・西蒲原《かんばら》郡黒埼《くろさき》町《まち》（平成十三年に新潟市に編入合併された）が造成した宅地「ときめきタウン黒埼」に由来する。この新興タウンは新潟交通電車線の「ときめき駅」を最寄り駅として、線路を挟んで東西に開発が行われたが、平成九（一九九七）年三月に開業した同駅はわずか二年後の平成十一年四月に廃止され、線路・駅ともに撤去されてしまった。現在は更地状態になっているが、そうした痕跡さえ地上から消え去ったあとでも、地名は後世まで残る。大地の上にぽつんと地名だけが置き去りにされることを思うと、寂寥感が漂ってくる。

もう一カ所、山形県東根市の「さくらんぼ駅前」も挙げておこう。バス停の名称のようだが、れっきとした地名である。平成十一（一九九九）年の山形新幹線の延伸の際、「蟹沢駅」を移転・改称して開業した「さくらんぼ東根駅」の駅前東側の地域にあたる。たしかに「さくらんぼ東根駅」の「駅前」にあり、その事実には偽りはないが、「さくらんぼ駅前」というネーミングは奇抜だ。東根市はサクランボの生産量が日本一の果樹王国で、市のイメージキャラクター「タントくん」は、体が洋ナシ（ラ・フランス）、手にはリンゴの杖を持ち、胸にサクランボ（佐藤錦）をつけている。その勢いで地名まで「さくらんぼ」と冠してしまうとは、まさにタントくん同様の〝ゆるキャラ〟扱いである。

誤植のように見える地名

新興住宅地の創作地名だけでなく、古くからある地名でも〝異変〟は起こっている。筆者の身近なところでは、ある年の年賀状から、高知県吾川郡伊野町《あがわぐんいのちょう》に住む友人の住所が「いの町」とひらがな表記に変わった。平成十六（二〇〇四）年十月一日、吾川郡の伊野町と吾北村《ごほくそん》、土佐郡の本川村《ほんがわむら》が合併して「いの町」になったのだという。平成十一（一九九九）年から平成二十二（二〇一〇）年にかけて、政府はしきりに市町村の合併を促した。ちょうど、その「平成の大合併」の最中のことである。

さあ低成長の時代を乗り切っていくために、合併によって自治体を広域化し、行政を効率化して行財政基盤を強化しようじゃありませんか！　今なら、「合併特例債」という財政上の優遇措置もあります。通常は人口五万人のところ、今回は特別に期間限定で三万人でも市になれますよ——そんな調子のいい政府の声に背中を押されて、熱に浮かされたように合併にひた走った自治体は多かった。その際、合併後の名称をひらがなにする自治体が急増したから、年賀状を見て私のように「おや？」と思った人は、日本中にかなりの割合でいたはずだ。

さて、「いの町」の場合だが、住所の表記は「高知県吾川郡いの町越裏門《えりもん》」とか、「高知県吾川郡いの町鹿敷《かしき》」、「高知県吾川郡いの町葛原《かずらはら》」といった具合になる。いかにも由緒がありそうな漢字の間に「いの」というひらがなが埋もれるように挟まっていると、誤植ではないかと疑いたくなるほど違和感がある。

それでもハガキや封書の宛名面など、住所だということをあらかじめ想定できる場合はまだいい。これが、ふつうの文章の中に入っていると、「いの」が地名だということさえ、すぐには伝わらない。現に、いの町の公式観光ガイドブック『ふわふわ』のキャッチコピーは「こころ浮きたついのの旅」なのだが、このままではどうにもわかりにくいため、表記上では「こころ浮きたつ　いのの旅」と分かち書きされている。

日本語の場合は通常、英語などのように語句を区切ることはせず、漢字やひらがな、カタカナや句読点などで文章の区切りを認識する。分かち書きをするのは、使用できる漢字が限られている小学校低学年の教科書くらいである。それなのに、公式ガイドブックで分かち書きをしなければならない事態となるとは、複雑な思いのいの住民も少なくないのではなかろうか（付録5参照）。

地名保存より優先されたもの

「平成の大合併」の時期には、ひらがな地名が急増した。新たに誕生したひらがな市町名を思いつくまま挙げてみると、「つがる市」（青森県）、「みなかみ町」（群馬県）、「かすみがうら市」「つくばみらい市」（ともに茨城県）、「さいたま市」（埼玉県）、「いすみ市」（千葉県）、「あま市」「みよし市」（ともに愛知県）、「さぬき市」「東かがわ市」（ともに香川県）……。

　つくばエクスプレスの駅名「みらい平」に由来して命名されたといわれる「つくばみらい市」はともかくとして、それ以外は、「津軽」「水上」「霞ヶ浦」「埼玉」「夷隅」「海部」「三好」「讃岐」「香川」と、どれも古くから使われてきた由緒ある「広域地名」の音をひらがな表記にしたものである。

　合併する自治体の一つが以前から広域的な漢字地名を用いていた場合、それをそのまま新しくできた市や町の名前にすると、対等合併なのにほかの自治体が編入されたように見えてしまう。そこで、編入・吸収による合併ではないことを表すために、わざわざかな書きにする――ひらがな市町名急増の裏には、そんな事情があるらしい。

　要するに、合併する自治体同士がお互いのメンツに配慮し、合併で禍根を残さないことを第一に考えて、妥協の産物としてひらがな市町名が増産されたといっていいだろう。土地の歴史を内蔵している地名のことより、優先すべきは今の時代を生きる自分たちの都合。そんな残念な政治的手打ちの臭いを感じてしまう。

　もっとも、「つがる市」や「さぬき市」の場合は、合併の際に新たに広域地名を採用しているので、吸収合併云々と気にする必要はないのだが、あえてひらがな名にしたのは、市の範囲が昔からの広域地名のほんの一部にすぎず、それで堂々と漢字で名乗るのははばかられると判断した結果のようだ。また、意外に感じるかもしれないが、「さいたま市」も同じような理由で漢字名を遠慮したと思われる。

「さいたま市」は、平成十三（二〇〇一）年に浦和市、大宮市、与野市の合併によって誕生し、これを機に埼玉県の県庁所在地は浦和市からさいたま市となった。公募の結果も漢字表記の「埼玉市」が第一位だったし、なにより県庁所在地なのだから「埼玉市」と名乗ってもよさそうに思えるが、じつは、「埼玉」の地名の発祥地は埼玉《さいたま》郡埼玉《さきたま》村（現在の行田市大字埼玉《さきたま》）で、「幸魂（さきみたま）」（幸をもたらす霊魂、またはそのはたらきのこと）というありがたい語句に由来するといわれている。ところが、合併三市の地域はその埼玉郡ではなく、足立郡に属していた。そのため、関係のない市が「埼玉」を名乗るのはいかがなものかという批判もあり、漢字表記を避けたようだ。ただ、県庁所在地がひらがな地名というのは全国でほかに例がなく、これはこれで苦しい命名となってしまった。

「夷隅市」においては、他市とは異なる特別な事情があったのかもしれない。というのは、古代中国では、自分たちを文化の中心「中華（中夏）」と称し、その文化とは異なる民族を野蛮人と決めつけて「東夷《とうい》」「西戎《せいじゅう》」「北狄《ほくてき》」「南蛮《なんばん》」と呼んだ。だから、もともとの郡名である「夷隅」は、漢字の上では「野蛮人の住む隅っこ」という意味になってしまうのだ。それを嫌って、合併を機に「いすみ」と変え、美しいイメージの地名にしたかったのではないかと推察される。

一方、「つくばみらい市」は過去の歴史とはいっさい関係のない命名で、大胆にも「みらい」という抽象的なイメージ語を採用している。「みらい」がついた地名は神奈川県横浜市の「みなとみらい」にもあるが、あれは埋め立て地を最先端のオシャレゾーンに再開発した地域である。ところが、「つくばみらい市」のほうは、大部分が江戸時代に新田開発された地域であり、「〇〇新田」と名づけられた町名が多い。当然ながら、住所は「つくばみらい市重右衛門新田」「つくばみらい市仁左衛門新田」「つくばみらい市善助新田」などとなる。市名は新しいイメージを志向したライト級、かたや町名は江戸時代につながるヘビー級。そんな新旧の両者が連なると、どうしようもなく珍妙な味わいになってしまう。

抽象的なイメージ語を用いているという点で「つくばみらい市」に類似している地名としては、「さくら市」（栃木県）と「みどり市」（群馬県）がある。

「さくら市」は、「佐倉市」という漢字名をひらがな表記にしたものではなく、桜の花の「さくら」に由来している。さくら市ホームページには、「桜の花のように美しい〝まち〟になってほしいという両町民（引用者註／氏家町《うじいえまち》と喜連川町《きつれがわまち》の二町の合併）のまちづくりへの願いが込められている」とある。「みどり市」も、「緑があふれる市でいてもらいたい」との願いからつけられた市名という。しかし、桜や緑は、土地の歴史には関係なく、日本全国どこの自治体でも対応可能だ。ここまでくると、いったい日本地図のどのあたりに位置する市なのかまったく見当がつかず、イメージ戦略としてはかえってマイナスになるように思うのだが（付録6・7参照）。

その地名、誇大表示です

山梨県には、「我こそが中心なり！」と名乗りを上げているように感じられる市名が群雄割拠している。「山梨市」「甲府市」「甲州市」「甲斐市」「中央市」——地理に疎い人なら、どの市が県庁所在地だったか、迷ってしまうレベルである。念のため、正解は「甲府市」。その名は、武田信玄の父、武田信虎《のぶとら》が「甲斐国の府中」という意味から命名したことに始まるといわれている。有数の戦国大名として知られた武田氏の本拠地だったあたりがそのまま甲府市となり、県庁所在地となった。残りの四市の発足時期は甲府市よりずっとあとで、次のようになっている。

「山梨市」＝昭和二十九（一九五四）年発足。平成十七（二〇〇五）年再合併。県東部に位置。
「甲斐市」＝平成十六（二〇〇四）年発足。県北西部に位置する。
「甲州市」＝平成十七（二〇〇五）年発足。県北東部に位置する。
「中央市」＝平成十八（二〇〇六）年発足。県中央部に位置する。

どの市もよくぞつけたものだと感心するが、そんな山梨県と、富士山をめぐって〝ライバル関係〟にある静岡県でも、「伊豆市」と「伊豆の国市」という、ともに「伊豆」という有名地名を入れ込んだ命名がなされている。「伊豆市」は平成十六（二〇〇四）年、「伊豆の国市」は平成十七（二〇〇五）年の誕生である。

じつを言うと、ちょうどこの時期に私は伊豆半島東海岸の南部に位置する下田市に住んでいたのだが、「一部の地域がさも伊豆を代表するような名前をつけるなんて図々しい」と、あちこちから批判の声が上がっていた。こうした例のように広域地名の漢字表記をそのまま一自治体の名称に用いてしまうと、本来の広域地名との区別が紛らわしく、歴史の改竄《かいざん》にもつながって、無節操のそしりを免れない。

ところで、山梨県の「中央市」は山梨県および甲府盆地の中央に位置することから命名されたそうだが、じつは四国にも中央を名乗る市がある。その名も「四国中央市」である。この市は、平成十六（二〇〇四）年に愛媛県の東端に位置する川之江《かわのえ》市、伊予三島市、宇摩《うま》郡土居《どい》町、宇摩郡新宮村《しんぐうむら》が合併して生まれている。

方角だらけの「東京都西東京市東町」

みずから「中央」を高らかに主張する市があるかと思えば、有名な大都市の名前に便乗する作戦に出る市もある。平成十三（二〇〇一）年に田無《たなし》市と保谷《ほうや》市の合併によって誕生した「西東京市」（東京都）がそれだ。この市名も、評判がよろしくない。

それというのも、いちおう東京二十三区西部の練馬区の西隣に位置しているものの、東京都全体から見たら、同市より西に小平市、国分寺市、国立市、立川市、日野市、八王子市などが存在し、むしろ中央より東寄りにある市なのだ。それにもかかわらず、「西東京市」と名乗ったのだから、風当たりがきついのも無理はない。

しかも、そもそも「東京」は、京都に対して「東にある京《みやこ》」という意味だから、「西東京」というと「東にある京の西」となって、下手をしたら京都に逆戻りだ。さらに市内には「東町《ちょう》」「南町」「北町」という町名があるため、合体すると「東京都西東京市東町」とか、「東京都西東京市南町」などとなる。歴史的な由緒を持つ地名には目もくれず、方角ばかりにこだわって、結果的に方角すらわからない地名になるとは、なんとも皮肉な話である。

平成の創作地名には、ほかにも突飛な名前がたくさんあり、平成十五（二〇〇三）年にお目見えした「南アルプス市」（山梨県）は、天然水を思わせる画期的な命名で世間をあっと驚かせた。

またカタカナ混じりの町名では、マンション名のような「長崎市エミネント葉山町」（長崎県）や「上野原《うえのはら》市コモアしおつ」（山梨県）、国籍不明な「米沢市アルカディア」（山形県）、複合型大型ショッピングセンター「ららぽーと」に由来した「三郷《みさと》市新三郷ららシティ」（埼玉県）など、ハイブリッドな地名が続々と出現している（付録8・9参照）。

「東京」は地名ではない？

さて、「西東京市」が〝寄らば大樹の蔭〟と頼りにした「東京」だが、じつは、この超有名ブランド地名は単に普通名詞であって、地名ではないという説がある。「東京」という地名の足元がさほど堅牢とはいえない、そのワケとは――。

一般的には、「江戸」が「東京」と改称されたのは、明治天皇が次のような詔勅《しょうちょく》を発した慶応四年七月十七日（西暦では一八六八年九月三日）と考えられている。

……江戸ハ東国第一ノ大鎮、四方輻輳《ふくそう》ノ地、宜《よろ》シク親臨《しんりん》以テ其政ヲ視ルベシ。因《よっ》テ自今《じこん》江戸ヲ称シテ東京トセン。是朕ノ海内《かいだい》一家、東西同視スル所以《ゆえん》ナリ。……（句読点とルビは筆者による）

――江戸は東国第一の大都市であり、四方から人や物が集まる場所である。ぜひとも、私みずから出向いてその政治をみるべきである。よって以後、江戸を東京と称することとする。これは、私が国を一つの家族として東西を同一視するためである。

いわゆる「江戸ヲ称シテ東京ト為スノ詔書」といわれるもので、天皇が政務を江戸で執ることを宣言し、江戸を東京と称するという内容となっている。

しかし、この「江戸ヲ称シテ東京ト為ス」という部分が曲者で、文脈の中で読むと、江戸という地名を東京に改称するとは言っておらず、単に江戸を「東の京とする」と宣言しているだけのようにも読み取れる。そのため当時、地名は江戸のままであって、東京に改称されたわけではないという捉え方が根強く存在していたのだ。

小木新造《おぎしんぞう》著『東京《とうけい》時代——江戸と東京の間《はざま》で』(初出一九八〇年、のちに講談社学術文庫、二〇〇六年)によれば、福沢諭吉らとともに啓蒙思想家として知られた西村茂樹は、明治九(一八七六)年に「東京の地名 附蝦夷《えぞ》地名」を発表し、「東京ハ東ノ都ト謂《い》フコトニシテ地名ニハ非《あらざ》ルナリ。東京ノ地名ハ猶《なお》江戸ナルベシ」と論じていたという。西村はさらに、「東京西京ノ如キハ普通名詞ニシテ、凡《およそ》帝王ノ都ナル所ニハ皆此称ヲ用フベシ」といい、天皇が江戸と京都とを巡幸するのに併せて、「東京江戸」になり、「西京京都」になるのでなければならない、と主張していたという。

正式に遷都の宣言がなかったことも、改称かどうかを曖昧にした。というのは、この詔勅発令のあと、慶応四年九月八日(一八六八年十月二十三日)に元号が慶応から明治に改められ、即位の礼をすませた明治天皇は京都を出発して江戸城に入る。このとき江戸城は天皇の東幸中の仮皇居と定められ、東京城と改称された。その後、明治天皇はいったん京都に還幸する。そして翌明治二（一八六九）年にふたたび東京に行幸。そこで天皇の東京滞在が発表され、東京城は皇城と称されることになった。同時に、天皇の東京滞在中は政府（最高官庁である太政官《だじょうかん》）を東京に移転させ、京都には留守官を置くことが発表された。

結果的にはこれが事実上の東京遷都となったのだが、維新直後の混乱した政情のもと、この時点では、東京と京都の東西両京制が前提とされ、翌年の明治三（一八七〇）年には京都に還幸する予定になっていたのである。ところが結局、京都還幸は延期されてしまい、以来、天皇はずっと東京に〝滞在〟し続けて現在に至っている。

よく京都人気質を象徴するエピソードとして、「京都人は『天皇さんは、ちょっと東京に出かけてはるだけ』と思っている」と笑い話風に語られるが、実際のところは、その主張どおりだったのである。

当時、表向きはあくまでも、京都を都として残した東京奠都《てんと》（奠都とは、新たに都を定めること）。遷都ではないというロジックが用いられていた。

だが、現実には、「江戸ヲ称シテ東京ト為スノ詔書」が発せられた翌々月の慶応四（一八六八）年九月に東京府が開庁され、明治二十二（一八八九）年に市制施行によって東京市が生まれ、その後、昭和十八（一九四三）年には「帝都たる東京に真の国家的性格に適応する体制を整備確立すること」などを目的とすると謳って、東京府と東京市の機能を統合して東京都が設置されている。また、それに先立って大正十二（一九二三）年九月十二日に発せられた「帝都復興ニ関スル詔書」にも、「東京ハ帝国ノ首都ニシテ」という記述がある。こうして既成事実が積み重ねられて、遷都を宣言しないまま、東京はなしくずし的に首都とされていったのだった。

これに連動するように、江戸という地名も、「江戸ヲ称シテ東京ト為スノ詔書」によって東京に改称されたと捉えられるようになっていった。今では世界に冠たる大都市の地名とされている「東京」は、じつはこんな具合に成立したものだったのである。

なお、明治初期当時の「東京」の呼び方は「とうきょう」と「とうけい」が混用されていただけでなく、先の書名にもあるように「京」より一本横棒が多い「京」という文字を用いた「東《とう》京《けい》」も使われていたそうだ。

ミッシングリンクは「東京」

「江戸」が「東京」へと変わっていった明治初期。江戸で生まれ育ち、江戸を生活の場としてきた庶民たちは、押し寄せる維新の荒波に翻弄されて、生活が成り立たないほど困窮した者も多かった。前掲の『東京《とうけい》時代』には、「小《こ》商人《あきんど》や職人たち、それに、これといった定職をもたない雑業に従事する人びとは、最大の顧客である武家を失って、動くに動けない状態のまま、相変わらず祖先の地にいた」とある。

そのため明治新政府に対する反感は強く、「慶応」から「明治」に改元されたとき、東京江戸では「上からは明治だなどといふけれど　治明《おさまるめい》と下からは読む」という狂歌が江戸庶民の間で流行った。そんな彼らにしたら、長年親しんできた「江戸」という名前を新政府に勝手に変えられるのも、面白くなかったに違いない。

「江戸」という地名の歴史は古い。「エド」は「ヨド」の訛ったものとされ、一説には縄文時代にまでさかのぼれるともいわれている。その語源には、水がよどんだ低湿地に由来するとか、入り江の入り口や河口に由来するなど諸説あり、必ずしも由来が明確ではないが、地形にもとづいて生まれた自然地名であることは間違いない。また、「江戸」という漢字表記はすでに平安時代末期には定まっていたらしく、江戸重継という武将が武蔵国江戸郷を領して江戸氏を興したとされている。室町時代には太田道灌が江戸城を築城し、やがて徳川家康が入城して江戸幕府が開かれ、江戸は天下の総城下町として発展していった。

江戸の庶民はそんな歴史を知る由もなかったかもしれないが、たとえ彼らはあずかり知らぬとも、「江戸」という地名には、その地で繰り広げられてきたさまざまな出来事やそこで暮らした人々の思いがたっぷりと浸み込んでいる。ご先祖様から代々受け継がれてきた地名には、大地の上で営まれていた生活の手ざわりが残っている。

それに対して「東京」は、「江戸」という地名に刻まれていた過去の膨大なデータとはなんのつながりももたず、「東の都」という意味しかない。江戸文化の名残を引きずって生きていた江戸っ子たちにしてみれば、お上の都合で「江戸」から「東京」に変えられていくとき、ご先祖様の遺徳も、今ここにいる自分と過去とのつながりも、なにもかもすっかり消されるような気分になったことだろう。それでは腹の虫もおさまるまい。

そんなことをあれこれ考えながら、江戸の庶民が不満や違和を感じた「東京」という地名を眺めていると、それは、それぞれの土地特有の歴史や文化から切り離され、浮き草のように寄る辺ないものになっている現代の創作地名の先駆けのようにも見えてくる。

社会文化の変質を研究テーマとしている思想史学者の市村弘正氏は、東京という地名について、「ここでは地名は固有性を放棄し、物語性を失いつくしている」といい、「それは、物事についての伝統的な経験を背負ってきた諸々の名前を、概ね漢語を駆使した官製の用語によって塗りかえてしまおうという、明治国家の一大事業を象徴的に示すもの」だとして、「ここに、経験を含まない名前を自己の中心とする、社会と精神の体制が成立することになる。これは名前の精神史における紛れもなく一つの決定的な変質であった」と論じている（『増補「名づけ」の精神史』平凡社ライブラリー、一九九六年）。

つまり、明治維新後に近代日本の首都として登場した「東京」という地名こそ、私が〝地名の森〟の中に感じた非連続性を象徴する地名だったのである。

古いものは悪しきものであり、旧弊《きゅうへい》な過去から脱皮して西欧化することこそが進歩と考えられていた近代日本において、地名の世界は音もなく、しかし劇的に変質した。〝地名の森〟の奥深くにある日本人の古層へ向かっているはずが、すんなりと奥に進めず、割り切れないもどかしさを私が感じてしまったのは、一見つながっているように見える地名世界が明治維新を境にして質的に大きく変異し、内部に見えない断層を抱え込んでいるせいだったのだ。

では、その断層とは、いったいどのようなものだったのか。そして、それが地名と神様の世界をどう変えたのか。それについては、章を改めて考えていきたい。

第二章　再編された地名、リストラされた神様

地名も明治維新を迫られた

長い封建の世から目覚めて近代化に邁進していく明治という時代は、司馬遼太郎の小説『坂の上の雲』に描かれているような、国全体が青雲の志に燃えていた時代だった。国を牽引する人々はひたすら前を向き、坂の上の青天に白く輝く雲を見つめながら近代化への坂を上っていった。そのまぶしい情熱は疑うべくもないが、ただ、負の側面として、それまでの時代を全否定し、ひたすら欧化主義に没頭したことは否めない。

それは地名の世界においては、前章末に紹介した市村弘正氏の言葉を借りれば、「物事についての伝統的な経験を背負ってきた諸々の名前」を、「官製の用語によって塗りかえてしまおう」という命名として現れた。

古くからの地名は、その土地に暮らしていた人々の記憶や情緒がだんだんと積み重なってできたボトムアップ型の地名といえる。そうした地名は、私たちが地名の背後にあるデータの存在を意識することはほとんどなくても、あるいはすっかり忘れてしまっていても、その地で営まれていた生活の痕跡をたしかに背負っている。他方、お上がつける地名はトップダウン型で、それま

での愛着のある地名を押しのけ、過去とのつながりを断ち切って新しく命名される。このタイプの地名が「東京」を筆頭にして、明治新政府によって大量につくられるようになったのである。

といっても、江戸時代までの人々は誰もが清廉で地名の伝統を大事にし、殊勝に地名を守っていたかというと、もちろんそんなわけもなく、昔においても、ゲン担ぎやら、打算やら、人間社会に渦巻くさまざまな思惑が地名に影響を及ぼしてきた。

たとえば、岐阜県の「岐阜」は、齋藤家の稲葉山城の奪取に成功して美濃国を手中に収めた織田信長が「井口《いのくち》」と呼ばれていた地名を「岐阜」に変更して生まれたものだ。「岐阜」の名は、中国の故事にならって、周王朝ができたときに鳳凰が舞い降りたとされる「岐山《きざん》」の「岐」と、孔子の生まれ故郷といわれる「曲阜《きょくふ》」の「阜」を組み合わせてつくられたとされている。現在の都道府県の中で、中国に由来する名前がつけられているのは岐阜県だけ。「阜」という漢字は、大きいとか膨れたとかという意味をもつが、そういえば、「岐阜」以外ではほとんど見かけない。

また、福井県の「福井」は、もとは「北ノ庄」と称していたが、徳川家康の孫にあたる藩主の松平忠昌が、「北」というのは敗北に通じて不吉だとして「福居」(のちに「福井」)に改名したものだし、福島県の「福島」も、「杉目」または「杉妻」(読みはともに「すぎのめ」)という地名を戦国武将が縁起をかついで「福島」に変更して生まれた。

このように、個々の地名を見ていけば、それまでの伝統を無視した改称が行われた例はいくらでもある。しかし、全国規模で大々的に、昔ながらの地名が官製の地名に変更させられたのは、明治維新後のことである。谷川健一編著『現代「地名」考』(NHKブックス、一九七九年)には、こう説明されている。

もともと自然発生的な地名が、権力者の手で変えられることがあったとしても、明治まではその弊は少なかったと言えましょう。というのも、封建時代までは、支配者は、土地やそこに住む人びとの生活に直接に関与し干渉するということはなかったからです。村は自然村として、自給自足の暮らしを営むことを許されていました。

ところが明治政府は徴兵と徴税の二つの目的のために、これまでの村単位の支配を家単位に切りかえました。こうして自然村から行政村への移行が明治初期からはじまりますが、とくに明治二十一年の町村大合併は庶民のくらしに大きな打撃を与えました。町村名もおびただしい変更を強いられます。

江戸時代の幕藩体制を解体して、天皇を中心とする中央集権的な国家体制へと脱皮を図っていく中、地方の村を旧態のままにしておいては近代国家にはなりえない。欧米列強の圧力をひしひしと感じていた明治政府にとって、全国を直接統治下に置き、軍事・租税の権限を一手に握って「富国強兵」「殖産興業」に努めることが急務とされた。そこで明治政府が行ったのが、〝地名の森〟の上に隈なく行政の網を掛けるということだった。要するに、明治維新は地名の世界にも大変革を迫ったわけである。

同じ「村」でも大違い

ここで重要なのは、この変革がただ「地名」という〝看板〟を掛け替えるだけの単純な地名改称ではなかったことである。

現代の地名は「国―都道府県―(郡)市区町村―町丁または字」という具合に階層構造になっている。地方によって多少の違いはあるものの、住所は上の階層から順にシステマチックに表記されるし、「〇〇県」は地図上に面として範囲を表示でき、そのエリア内に位置する「△△市」は、言うまでもなく「〇〇県」に属している。私たちはこういう行政区画のあり方が当たり前だと思っている。

そんな現代人の感覚からすると、幕府(将軍)を頂点にして、大名が幕府の命令に従いながら領地と人民を統治するという封建的支配体制も、同様に「幕府―藩―町村」という一元的な階層構造になっていたと思ってしまいやすい。そのため、明治維新後の地名世界の変革といっても、藩の代わりに府県が誕生し、たとえば土佐藩が高知県に、長州藩が山口県に置き換わった、というくらいにイメージしがちである。しかし、事はそれほど単純な話ではないのだ。

江戸時代、全国の土地は大きく分けると、幕府の直轄地(幕領)、家臣である旗本と御家人の知行地《ちぎょうち》(旗本領、御家人領)、そして大名の領分(藩領)に区分され、さらに天皇や寺社などの領地も存在していた。領地内にある村や町は、それぞれの領主の支配を受け、その地に暮らす村民や町民は年貢や賦役などを負担していた。

このように書くと、またしても「藩―村」という図式をイメージされてしまいそうだが、当時の領地というのは、現在の自治体のようにひとまとまりのエリアを形成していたわけではない。もちろん、加賀の前田家（一〇二万石）、薩摩の島津家（七三万石）、陸奥の伊達家（六二万石）のように、連続した面が大きく広がる領地を有していたところもあったが、地域によっては、複数の大名の藩領、旗本領、幕領、寺社領などに細分されていたところも少なくなかった。それぞれの領地が錯綜して入り組んでいたほうが幕府の対立勢力の力をそぐうえでも有効だったこともあり、各領主の所領は、まだらに混在している状態だったのだ。

それに、そもそも「封建」という語は「封土《ほうど》を分けて諸侯を建てる」の意。つまり、幕府が直轄領以外の土地を諸侯に分け与え、領有・統治させることを表している。土地が「分け与える」ものであるからには、当然、「召し上げる」こともあるわけで、土地を領有しているといっても、領主は幕府の意向と必要に応じて家臣団を引き連れて移動を余儀なくされた。「改易《かいえき》」（領地を没収し身分を奪うこと）や、「転封《てんぽう》」（＝国替《くにがえ》。領地をほかに移すこと）がしばしば行われたから、村からすると、そのたびに領主が変わった。また、「相給《あいきゅう》」といって、一つの村を複数の領主が分割して領有することもあった。それゆえ、村にとっては、だれに支配されているかはたいした意味をもたなかった。

しかも、当時の「藩」が現代の「市区町村」のような行政サービスをしてくれることはなく、「村」は原則として、村民たちの自治と自給経済によって営まれていた。村の責任者である名主《なぬし》（庄屋、肝煎《きもいり》と呼ぶ地方もある）を中心に、村高として割り当てられた貢租《こうそ》の納入や用水の管理、治安維持などを自分たちで行い、一つの村で対応できない水利のような課題は流域の村々で共同体を組織して管理していた。

前掲の引用では、「(村は)自給自足の暮らしを営むことを許されて」いたとあったが、多少ニュアンスを補足しておく必要がありそうだ。村が幕府や藩の下部行政組織だったにもかかわらず許されていた、ということではなくて、許されるもなにも、近世社会の基本的な構成単位である村は、地域共同体として自立した存在だったのである。

江戸時代の「村」の地名は、今日的な意味での行政区画の呼び名ではなく、人々の暮らしと分かちがたく結びついた、生活と生産のための共同体の名前だった。明治時代の地名改称とは、そんな江戸時代の「村」のあり方を根本的に変えるものだったのだ。

東京・世田谷の彦根藩

それにしても、江戸時代の所領のまだら状態ははなはだしいものがあった。とくに関八州(相模《さがみ》、武蔵《むさし》、安房《あわ》、上総《かずさ》、下総《しもうさ》、常陸《ひたち》、上野《こうずけ》、下野《しもつけ》の八カ国)＝現在の関東地方はその傾向が強かった。ご参考までに、武蔵国荏原《えばら》郡、すなわち現在の東京都品川区、目黒区、大田区および世田谷区の一部などにまたがる地域の村々の領有状況を紹介しておこう。

表1は「旧高旧領取調帳《きゅうだかきゅうりょうとりしらべちょう》」(幕末の村落の実情を把握するため、明治時代初期に政府が各府県に作成させた台帳)という史料をもとに、武蔵国荏原郡にあった村々(一部)の旧領名を表にしたものだ。旧領名の欄に記しているのが、幕府滅亡時点でのそれぞれの村の領主名である。これを見ると、驚くほど多くの領主にバラバラに支配されていたことがわかる。

表1　「旧高旧領取調帳」による武蔵国荏原郡の村々（一部）

旧村名	旧領名	旧高（石）
久ヶ原村	松村忠四郎支配所	214.966965
久ヶ原村上知	松村忠四郎支配所	7.828
久ヶ原村	三浦半之助知行	18.972
久ヶ原村	三浦銓之助知行	17.561001
久ヶ原村	森川右近知行	12.039
久ヶ原村	三浦半之助知行	0.5833
久ヶ原村	三浦銓之助知行	7.1669
久ヶ原村	森川右近知行	5.39
久ヶ原村	吉田繁之助知行	9.8763
久ヶ原村	西応寺領	1.96
久ヶ原村	大養寺領	13.496
久ヶ原村	天徳寺領	0.992
久ヶ原村	根生院領	63.945
馬込領·久ヶ原村	増上寺領	156.449005
鵜ノ木村	松村忠四郎支配所	335.036987
上大崎村	松村忠四郎支配所	439.801086
下大崎村	松村忠四郎支配所	312.369171
松原村	松村忠四郎支配所	347.786987
赤堤村	松村忠四郎支配所	230.324997
経堂在家村	松村忠四郎支配所	305.644989
代田村	松村忠四郎支配所	533.737976
池尻村	松村忠四郎支配所	41.773998
三宿村	松村忠四郎支配所	90.957001
下北沢村	松村忠四郎支配所	310.053101
太子堂村	松村忠四郎支配所	35
太子堂村	志村源一郎知行	2.5
馬込領·桐ヶ谷村	松村忠四郎支配所	68.341698
羽田村	松村忠四郎支配所	444.70401
羽田村ノ内·源太郎新田	松村忠四郎支配所	12.521
羽田猟師町	松村忠四郎支配所	64.915001
羽田猟師町	根生院領	1.656
鈴木新田	松村忠四郎支配所	133.365997
羽田村之内·増田新田	松村忠四郎支配所	24.773001
鈴木新田	松村忠四郎支配所	22.594
若林村	志村源一郎知行	187.759995
上馬引沢村	大久保金四郎知行	441.957397
中馬引沢村	内藤精之助知行	24.5
中馬引沢村	内藤孝之助知行	15
下馬引沢村	大久保喜三郎知行	200.460999
奥沢本村	渡辺修理知行	55
等々力村	鈴木土佐知行	306.027008
等々力村	満願寺領	13
等々力村	増上寺領	251.197998
碑文谷村	神谷喜左衛門知行	267.65921
碑文谷村	増上寺領	20.062
碑文谷村	円融寺領	19
下袋村	小泉玄康知行	302.5
新井宿村	木原兵三郎知行	703.257996
小林村	東海寺領	271.789001
安方村	東海寺領	228.464005
北蒲田村	護国寺領	786.406982
蒲田新宿村	護国寺領	600.122986
浜竹村	護国寺領	43.591
御園村	護国寺領	15
御園村	増上寺領	101.176003
御園村	石清水八幡社領	61.548
今泉村	石清水八幡社領	164.104996
今泉村	天徳寺領	28.976999
今泉村	大養寺領	39.983002
下池上村	本門寺領	100
下目黒村	増上寺領	253.593994
中目黒村	増上寺領	245.195007
蓮沼村	増上寺領	229.979004
徳持村	増上寺領	341.42099
衾村	増上寺領	377.191986
衾村	東光寺領	30
上北沢村	増上寺領	430.531006
世田ヶ谷村	彦根藩領分	416.709015
世田ヶ谷村	八幡社領	11
世田ヶ谷村	勝光院領	36.104
世田ヶ谷村	勝国寺領	12
弦巻村	彦根藩領分	133.410995
弦巻村	実相院領	10.22
用賀村	彦根藩領分	171.154007

出典：国立歴史博物館データベースより作成

この中で、「松村忠四郎支配所」と書かれているのは幕領で、松村忠四郎という名前の代官が支配していたことを表す。また、「何某知行」とは旗本領。何某が旗本名にあたる。それ以外は、表にある地域の村では寺領や神社領が多いが、「世田ヶ谷村」などに「彦根藩領分」という表記が見えることにご注目いただきたい。近江国（現・滋賀県）の北部から東部を治めた彦根藩の飛び地が、こんな遠隔地にあったのだ。

彦根藩井伊家といえば、譜代大名筆頭の家格。彦根藩の所領は三〇万石（江戸初期と幕末を除く）といわれる大藩である。そのうち、彦根城のある地元の領分は二八万石、残り二万石は武蔵国世田谷（現・東京都）と下野国佐野（現・栃木県）に領有していた飛び地である。

現在の東京都世田谷区世田谷では、毎年十二月と一月に「ボロ市」と呼ばれる伝統行事が開催されて大賑わいとなるが、その会場とされる通称ボロ市通りの中ほどには、茅葺の武家屋敷門を構えた「世田谷代官屋敷」がある。代官とは、文字どおり「領主の代理をする官」。誰の代理かというと、もちろん彦根藩だ。

さらに、近年の〝ゆるキャラ〟ブームの火つけ役として知られる滋賀県彦根市のご当地キャラクター「ひこにゃん」も、世田谷にゆかりがある。というのも、ひこにゃんは「彦根藩二代当主である井伊直孝公をお寺の門前で手招きして雷雨から救ったと伝えられる〝招き猫〟と、井伊軍団のシンボルとも言える赤備えの兜を合体させて生まれたキャラクター」（公式サイト内プロフィールより）で、じつは、この「お寺」というのが、東京都世田谷区にある豪徳寺のことなのだ。

江戸時代前期の話である。彦根藩二代藩主の井伊直孝が世田谷の所領での鷹狩りの帰りに豪徳寺の前を通りかかると、寺で飼われていた白猫の「たま」が手招きをしていたという。猫に招かれるまま直孝が寺に立ち寄り、住職から茶の接待を受けていたそのとき、一転にわかにかき曇り、激しい雷雨になった。「猫のおかげでずぶ濡れにならずにすみ、ご住職のありがたいお話にも預かることができた。これも仏様の因果でしょう」と直孝は大いに喜び、のちにこの寺を井伊家の菩提所とした、と伝えられている。

正確に言うと、豪徳寺と改称されたのは直孝の没後。直孝の院号にちなんで名づけられたものだが、とにもかくにも、こうして彦根藩主井伊家の江戸における菩提寺となったおかげで、たいそう貧窮していた寺は見事復興。福をもたらしてくれた「たま」は、亡くなると手厚く弔われ、一説には招き猫の元祖ともされている。

この福を招いた白猫の「たま」が、「ひこにゃん」のモデル猫となった。「ひこにゃん」は彦根のご当地キャラとして大人気だが、そのルーツをたどってみれば、意外にも世田谷生まれの江戸っ子だったわけだ。

ちなみに、現在でも豪徳寺は井伊家の菩提寺（幕末の大老、井伊直弼《なおすけ》の墓もある）として知られているほか、「たま」にちなんだ「招福猫児（まねぎねこ）」の寺としても有名だ。境内には「招猫殿」もあり、あたりは奉納された招き猫で溢れかえっている。

何万もの町村が消えた

「ひこにゃん」を追いかけて横道にそれてしまったが、この彦根藩の例からも、「藩」というものが現在の行政区画のあり方とまったく異質なことがおわかりいただけると思う。そんな状況ゆえ、新たに近代的な中央集権的システムを創設する事業は、一朝一夕には成就しなかった。

明治新政府は当初、旧幕府から没収した所領のうち、東京・京都・大阪（大坂から改称）の大都市を「府」とし、その他を「県」と定める一方、「藩領」はそのまま幕末の大名によって支配させていた。その後、明治二（一八六九）年の「版籍奉還」によって領地・領民を天皇に返上させ、改めて「藩」を明治政府のもとでの国の行政区画と定めて、旧藩主（大名）を知藩事に任じた（「藩」という呼び名は、実際にはこの時期に初めて登場したもので、江戸時代には「○○藩」とは言わなかった）。

しかし、こうした「府藩県」の三治制では中央集権化は進まず、明治政府は明治四（一八七一）年、すべての藩を廃止する「廃藩置県」を断行する。かくして、三府四一県と二六一藩は三府三〇二県という区分に変更され、知藩事に代わって府知事、県令（のちの県知事）が中央から派遣された。

ただし、藩をそのまま県に置き換えたため、複雑に入り組んでいたり、遠隔地に飛び地があったり、小さな県に細かく分かれていたりして、行政には不都合なものだった。そのため、同年末には三府三〇二県をすべて廃し、大胆な分離・統合を行って三府七二県とした（図1参照）。その後も何度かの廃置分合を経て、明治二十一（一八八八）年末までに、現在の四七都道府県につながる地方行政区画が確立する。なお、沖縄県設置は明治十二（一八七九）年、北海道庁設置は明治十九（一八八六）年のことである。

図1　明治4(1871)年の廃藩置県地図

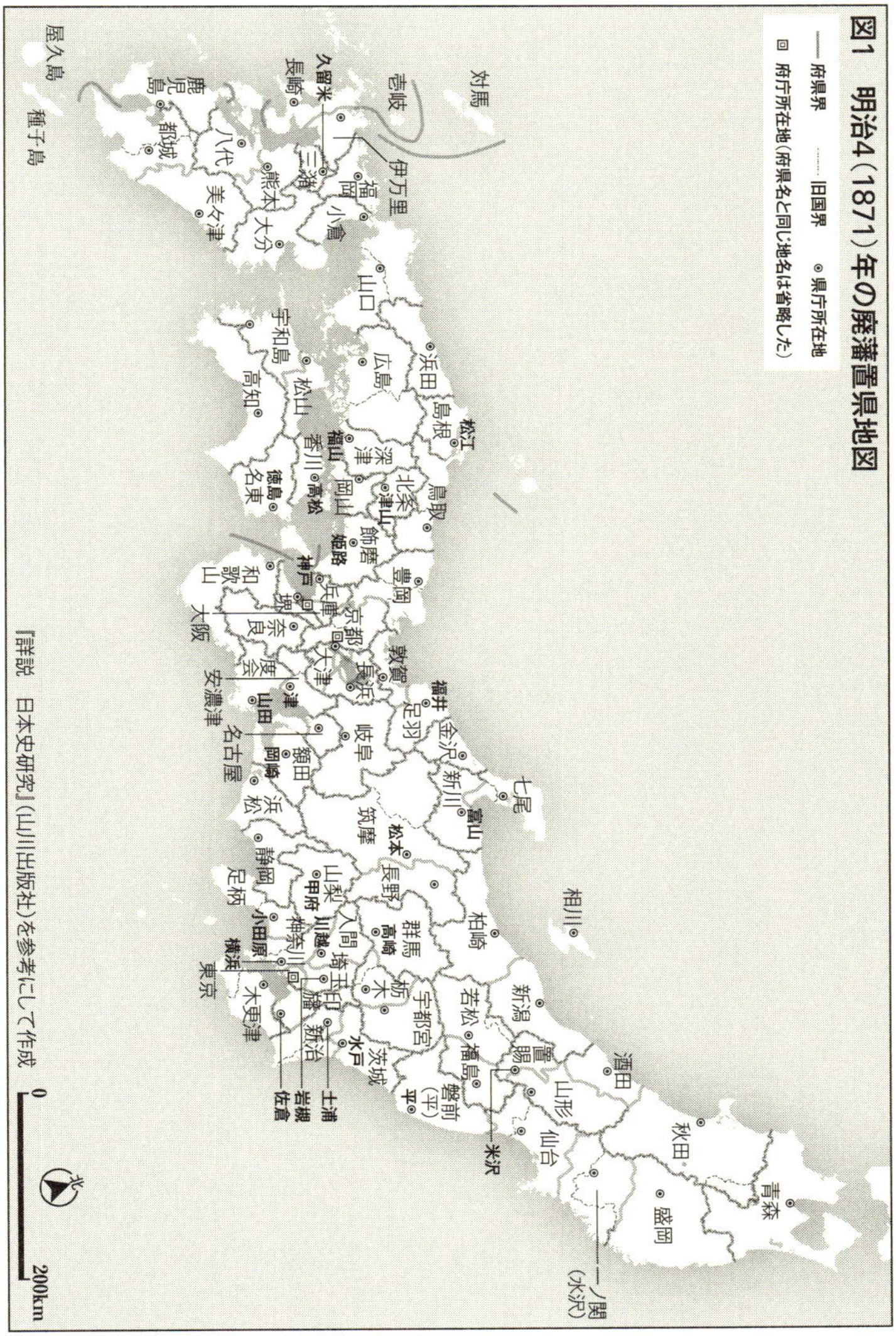

『詳説　日本史研究』(山川出版社)を参考にして作成

府県統合の試行錯誤がなされる中、明治二十一（一八八八）年四月には、近代日本の市町村の基本構造を定めた「市制町村制」が公布され、翌二十二年四月に施行された。これに伴って全国的に町村合併がなされ、総務省のデータ（表2参照）によれば、明治二十一年の時点では全国に七万一三一四あった町村が整理統合されて、翌二十二年には三九市と一万五八二〇町村、合計で一万六〇〇〇足らずになった。つまり、「明治の大合併」によって、およそ五万数千の町村が一挙になくなったことになる。

繰り返しになるが、それまでの「村」が、江戸時代以来の生活共同体たる自然村だったのに対し、市制町村制以降の「村」は、近代国家の基礎自治体としての役割を担わせるために区分されたものである。原則として、旧来の「村」の名称は市町村の下にくる「大字」に、さらに細分化した小さな地名は「字（小字）」とされ、江戸時代の町村の地名を受け継ぐことが多かったが、これまで説明してきたように、その位置づけは大きく異なっている。

柳田國男も唖然とした行政村名

明治政府による旧来の地名の行政地名化は、つまるところ、伝統的な村落共同体を解体し、新たに「行政区画」を構築して、地方行政、ひいては国のかたちを刷新して日本を組み替えていくことを意味していた。

新たな「村」がいかに政府の都合で差配されたかは、「町村制」公布の二カ月後に出された内務大臣訓令からもうかがえる。そこに、「人口もあり、相当の財政力もあって独立自治できる町

表2　市町村数の変遷

年月	市	町	村	計	備考
明治21年	―	（71,314）		71,314	
明治22年	39	（15,820）		15,859	市制町村制施行（明治22年4月1日）
大正11年	91	1,242	10,982	12,315	
昭和20年10月	205	1,797	8,518	10,520	
昭和22年 8月	210	1,784	8,511	10,505	地方自治法施行
昭和28年10月	286	1,966	7,616	9,868	町村合併促進法施行
昭和31年 4月	495	1,870	2,303	4,668	新市町村建設促進法施行
昭和31年 9月	498	1,903	1,574	3,975	町村合併促進法失効
昭和36年 6月	556	1,935	981	3,472	新市町村建設促進法一部失効
昭和37年10月	558	1,982	913	3,453	市の合併の特例に関する法律施行
昭和40年 4月	560	2,005	827	3,392	市町村の合併の特例に関する法律施行
昭和50年 4月	643	1,974	640	3,257	市町村の合併の特例に関する法律の一部を改正する法律施行
昭和60年 4月	651	2,001	601	3,253	市町村の合併の特例に関する法律の一部を改正する法律施行
平成 7年 4月	663	1,994	577	3,234	市町村の合併の特例に関する法律の一部を改正する法律施行
平成11年 4月	671	1,990	568	3,229	地方分権の推進を図るための関係法律の整備等に関する法律一部施行
平成14年 4月	675	1,981	562	3,218	地方自治法等の一部を改正する法律一部施行
平成16年 5月	695	1,872	533	3,100	市町村の合併の特例に関する法律の一部を改正する法律施行
平成17年 4月	739	1,317	339	2,395	市町村の合併の特例等に関する法律施行
平成18年 3月	777	846	198	1,821	市町村の合併の特例に関する法律、経過措置終了
平成22年 4月	786	757	184	1,727	市町村の合併の特例法に関する法律施行
平成26年 4月	790	745	183	1,718	

総務省ホームページより転載

村はいいが、そうでない力の貧弱な町村については、国の公益に反するので合併せよ」といった内容の文言があるのだ。政府が求めていた「村」が、行政の末端を担うことができる財政力のある地方組織だったということがよくわかる。

それにしても、これほど大々的に整理統合されるとなると、新しい市町村名をつけるのは容易ではない。なにしろ平均すると五つの町村が一つの町村になったわけだから、調整が困難を極めたのは想像に難くない。

政府はそんな事態を想定していたようで、前出の訓令には、次のような規定がある。

互ニ優劣ナキ数小町村ヲ合併スルトキハ各町村ノ旧名称ヲ参互折衷スル等適宜斟酌シ勉メテ民情ニ背カサルコトヲ要ス

現代の言葉遣いで説明すると、同じくらいの規模の小さな村が複数で合併する場合、それぞれの住民の心情を考えると、旧町村名の中からどれか一つを採用するのは難しいだろうから、互いの名称を使って折衷するなど調整せよ、というのである。

町村合併は、言わば自治体同士の結婚だ。人間の結婚なら、お互いの名前（ファーストネーム）はそのままで、苗字については、現在の法律ではどちらかのものを選んで名乗ることになる。新しい苗字を勝手に創設することはできない。新しい苗字の創設を簡単に認めてしまうと、個々人の同一性の特定が困難になってしまうからだ。そのため、きわめて例外的な事由がある場合にしか苗字の変更が認められていない。

ところが、自治体の結婚の場合は、この訓令によって、もとの自治体名のうちのどれかを選ばずとも、「旧名称ヲ参互折衷」して新しい名称をつけてよい、というお墨付きを得たかっこうとなったわけだ。

共同体としての成り立ちや利害、住民感情が異なる村が一緒になるのだ。大きな村に吸収合併されるケースはまだしも、小さな村同士の対等合併では、地名をどうするかは悩ましい問題である。そこに政府公認の折衷手法が示されたことで、以後、旧地名からその一部をとって合成する、いわゆる「合成地名」が増産されていくこととなった。

柳田國男が「地学雑誌」（大正元年十月〜十二月）に寄稿した「地名の話」という論文で、合成地名の一種として、「後には何のためにこういう名を附けたのか分らぬことになるかも知れぬ」と危惧しつつ取り上げているのは、一三の大字を合わせた「十余三《とよみ》村」、七つの大字を合わせた「七会《ななえ》村」、そして一一（十一）の大字で睦まじく暮らそうというのでつけられた「土睦《つちむつ》村」だ。どれも合併した村の数を名称に入れ込んで地名とする方式が用いられている。

さらに柳田は、「鵜峠《うど》」「鷺浦《さぎうら》」という二つの大字の頭字を一つずつ組み合わせて合成した「鵜《う》鷺《さぎ》村」を紹介し、続けて「甚しい例」として明治七（一八七四）年の合併で誕生した「清哲《せいてつ》村」のことを挙げている。

山梨県北巨摩《きたこま》郡にあった「水上《みずかみ》」「青木」「折居」「樋口」の四つの大字が合併してできた「清哲村」（現在は山梨県韮崎《にらさき》市清哲町）。じつはこの「清＋哲」の名は、「水（サンズイ）」と「青」

を合わせて「清」、「折」と「口」を合わせて「哲」とした、クイズのようなネーミング法によるものなのだ。「他日清哲という坊さんでも開いたということになるかも知れない」と柳田が呆れていたのも、さもありなん。平成の今、由来をそんなふうに説明されたら、あっさり信じてしまいそうである（付録10参照）。

近代国家が引いた境界線

明治の大合併以降、地方統治の基本単位となった町村は、「近代国家」という新しい秩序のもとで行政機構としっかり結びつけられ、斬新な合成地名を次々に生み出しながら、「近代化」という尺度で大胆に整理されていった。

そうした明治の町村合併について、歴史学者の松沢裕作氏はその著作『町村合併から生まれた日本近代――明治の経験』（講談社選書メチエ、二〇一三年）で、「新たな境界線を社会に引いていく、という作業だった」といい、それを実行できる権力を近代国家に見て、「もっとも拘束力の強い線が、国家、より正確にいえば、国民国家《ネイション・ステイト》という線である」と述べている。

国民国家とは、一般には、国境線に区切られた一定の領域を統治する主権を備え、その中に住む人々が国民であるという集団的意識を共有している国家と理解されている。一言で言ってしまえば、領土、国民、主権の三要素を備えた国家のことである。近代国家はほぼこの国民国家に該当するから、現代の私たちにとってはそれ以外の国家のかたちはイメージしにくいが、近世の日本では、「クニ」といえば、土佐とか讃岐、薩摩といった「旧国名」のほうを指し、「国家」という意識は低かった。また、明治維新までは人々は士農工商の異なった身分集団に属していたから、「国民」などという概念ももち合わせていなかった。

そういう社会に対して国民国家が境界線を引いていく、言い換えると、「地縁的・職業的身分共同体」として機能していた近世村に対して委細構わず境界線を引いていくことで、村は「無内容で均質な空間」へと変容した、と松沢氏は言う。

「明確な境界線は、それに意味があるからではなく、それに意味がないからこそ、引けるのだ」とする松沢氏の論は、国家を超えたグローバリゼーションの激化や、過激なテロに走る非国家集団の台頭といった、今日的問題が浮き彫りにする国民国家という枠組みの限界をも照射しつつ、日本の明治期の町村合併の本質を見事に突いている。

松沢氏は、そうした町村合併で生まれた行政村の地名（大字）は、たとえ江戸時代の町村の地名を受け継いでいたとしても、明確な境界で囲い込まれた一つの単位にすぎず、「近世の人びとにとって持っていたような、切実な意味をもはや失っている」としている。それは、第一章で紹介した、市村弘正氏が明治維新後に生まれた「東京」という地名について語った「（地名が）固有性を放棄し、物語性を失いつくしている」という言説とぴったりと呼応する。

明治以降、地名がすべて改変されたわけではなく、多くの場合、同じ地名がそのまま継承されているように見えることが、事の本質を見えにくくしているが、近世の社会が近代社会へと切り替わったとき、地名を取り巻く世界の内部では、こうした変異が起きていたのである。第一章で取り上げた平成の創作地名たちは、明治政府の手で大々的に行われたこうした地名改変の流れの果てにある。どうりで、平成の「今」の地点に立って闇雲に地名を手繰り寄せてみても、だまし絵の世界に迷い込んだような感覚になってしまうわけだ。

神様界も〝近代化〟

ところで、近代国家建設に際して地名の世界がこれほどまでに変質した明治期において、地名の世界とかつて地続きにあった神様の世界はどうなっていたかというと、もちろん無関係でいられるはずもなかった。それぞれの土地に宿っているとされていた神様たちにも、近代化の荒波が押し寄せた。

そもそも、明治新政府は慶応三年十二月九日（西暦一八六八年一月三日）、「王政復古の大号令」が発せられたことに始まる。この大号令に「諸事神武《じんむ》創業之始《はじめ》ニ原《もと》ヅキ」とあったように、皇統の祖とされる神武天皇による国家の創業に立ち返ることが、明治維新の理念だった。当時、緊迫した対外情勢から、欧米列強にならって近代化政策を強力に推し進めつつも、同時に、西洋（キリスト教的世界）に拮抗しうる確固とした民族的アイデンティティを確立することが必須とされた。そのための国民統合の支柱とされたのが「神武創業」の精神だったのである。

ヤマト王権によって天皇統治の根拠として編纂された「記紀」では、神武天皇の国家建設は、祭政一致・天皇親政の原則にもとづき、神の霊威に助けられて進められたとされている。そうした神武創業の精神に立ち返るということは、簡単に言ってしまえば、記紀神話が伝える統治、すなわち仏教・儒教など外来宗教の影響を受ける以前の日本固有の精神に立ち戻った政《まつりごと》をめざすことを意味していた。しかるに現実は、寺院に鎮守の社が祀られたり、神社に神宮寺が建立されたり、神道と仏教は重なり合い、修験道などとも混淆していた。

そこで明治政府は、神仏習合状態と化している神道を〝本来〟の姿に戻すべく、神仏分離政策をとって、神道のみをもって日本の国家像を語り、神社神道（神社を中心とする神道）を国家的に護持して、近代天皇制を確立しようとした。

だが、多くの現代の研究者が指摘しているように、もともと、神道と他宗教との境界は曖昧で、神道は古くから仏教や修験道、陰陽道などと習合・並存してきた歴史があり、日本は古来、「神の国」としてのみ歩んできたわけではなかったのだ。それにもかかわらず、習合した神仏を鉈《なた》で割るように神と仏に分断する政策は、「復古」と称しながらも、そのじつ、神仏の世界にも国家が境界線を引いて、明治天皇を中心とする神道国教主義的な体制を新たに構築しようとするものだった。

そして、その新たな体制のもとで紡ぎ直された神々の物語――日本は「万世一系」の天皇を中心とする「神の国」と謳う、国家神道の物語――は、旧来の地名が行政地名化され、地名が背負っていた土地固有の神様と人との交感の物語が急速に意味を失っていく中、その代わりに行政村の「無内容で均質な空間」（松沢氏）を満たし、内側から支えるものとしても機能していくこととなったのである。

神と仏を分断する

では具体的には、地名と神様をつなぐ世界にどんな変化が起こったのか。明治政府の神仏分離政策について詳しく見ていこう。

まず、明治政府は慶応四（一八六八）年に、古代の律令国家にあった神祇官《じんぎかん》（神祇祭祀をつかさどる官庁）再興を謳い、神祇官に神社・神職を管轄させることとした。つまり、全国の神社は明治政府の直接の支配下に組み入れられることとなったわけだ。さらに、別当《べっとう》（社僧の長）・社僧（神社に所属する僧侶）の還俗《げんぞく》を命じ、続いて「神仏分離令」（正式には「神仏判然《はんぜん》令」）を発令して、「権現《ごんげん》」「牛頭天王《ごずてんのう》」という仏教に由来する神号の使用や、仏像をご神体とすることなどを禁止した。

それまで、紀伊山地の熊野三山や吉野、京都府の愛宕山、山形県の羽黒山、石川県の白山など、日本古来の山岳宗教と仏教が混淆した修験道の霊場とされてきたところでは、それぞれ熊野権現、蔵王権現、愛宕権現、羽黒権現、白山権現が祀られ信仰されてきた。権現とは、仏が権《か》りに神として現ずるの意。衆生を救済するために仏が仮に神の姿で現れたというのだから、まさに神仏習合である。しかし、神仏判然令によってこの神号が使えなくなって、権現の神々は神道の神に改変させられ、全国に勧進されていた権現社も廃されて神社に改組されたりした。

また、牛頭天王というのは、平安時代に御霊《ごりょう》信仰を背景にして始まった祇園《ぎおん》信仰の祭神だ。インドの祇園精舎――「祇園精舎の鐘の声、諸行無常の響きあり」という『平家物語』の有名な冒頭に出てくる、あの「祇園精舎」の守護神とも、チベットの牛頭山の神だったともいわれるが、日本ではスサノヲと習合して疫神《えきじん》（疫病を流行らせる神）とされていた。そのため疫病退散を願って祀られ、各地に祇園社や牛頭天王社が創建されて御霊会あるいは天王祭と呼ばれる祭礼が行われてきた。だが神仏判然令後は、牛頭天王を祀る社はすべて、記紀神話に登場する〝由緒正しき神〟であるスサノヲだけを祭神とする神社として強制的に再編され、社名も改称された。

今も地元では「祇園さん」の名で親しまれている京都の「八坂神社」も、もとは牛頭天王を祀り、「祇園社」「祇園感神院」などと呼ばれていた。現在の所在地が「京都市東山区祇園町北側」という地名にあるから「祇園さん」と呼ばれているのではなく、その呼び名も地名も、さらには京都を代表する花街「祇園」の名もみな、牛頭天王ゆかりの「祇園社」に由来したもの。それが改称を迫られて、創建の地とされる山城国愛宕郡八坂郷の地名にちなんで「八坂神社」と変更されたのである。

ほかにも、仏教側から神を呼ぶ呼称である「明神」や、妙見菩薩を本尊とする「妙見」も公然と祀れなくなり、社名も、「神田明神→神田神社」「鷲《おおとり》大明神社→鷲神社」「大鳥大明神社→大鳥神社」「千葉妙見宮→千葉神社」などのように変更されている。神田祭で有名な「神田明神」は今でも「神田明神」として親しまれているが、じつは、明治期に改称されて以来、正式名は「神田神社」である。

廃仏毀釈でできた奈良公園

ただ、この神仏分離政策自体は、「寺を廃し仏像は破壊せよ」と命じるものではなかった。しかし、古くから神仏が習合してきた歴史を否定するかのように、神道と仏教、神と仏、神社と寺院とをはっきり区別させることを命じたことから、幕末からくすぶっていた過激な復古思想や近世仏教界への反感などが火種となって、極端な廃仏毀釈《はいぶつきしゃく》運動へ走る者が現れ、全国で貴重な仏教文化財が大量に破壊される事態となった。

たとえば、神仏判然令が出されてすぐ、比叡山の麓に鎮座する「日吉山王社《ひえさんのう》」（現在の日吉大社《ひよし》）で大規模な廃仏毀釈事件が起こっている。日吉山王社といえば、日枝山《ひえのやま》（比叡山）の地主神である。平安京遷都後は、都の表鬼門（北東）にあたることから災厄除けの社として崇敬され、最澄が比叡山に延暦寺を開いてからは、天台宗、延暦寺の鎮守神として「山王権現」と呼ばれるようになった。つまり、比叡山の山岳信仰、神道、天台宗が融合したかたちで信仰されてきた歴史があった。

ところが、神仏判然令によって延暦寺から強制的に分離され、山王権現も廃されて「日吉大社」に改組された。そして発令の四日後、武装した一団に押し入られて、ご神体として安置していた仏像や仏具、経典などが徹底的に破壊され、焼き捨てられてしまった。

また、現在は世界文化遺産登録されている古都奈良の「興福寺」も、廃仏毀釈によって甚大な被害をこうむった。もともと藤原氏の氏寺・氏神の関係から、興福寺と春日社（現在の春日大社）は長らく一体の信仰がなされていた。それが寺と神社に無理やり分けられて、独立した春日社では春日権現が廃止され、興福寺のほうでは、還俗を迫られた僧侶たちが春日社の神官に転身した。そのうえ、明治四（一八七一）年に領地返上を命じる「社寺領上知令《あげち》」が発令されたこともあって、寺中・寺外に数多く存在していた子院はみな廃止され、境内以外のすべての領地は政府に没収されてしまった。さらに伽藍仏具などの一切が処分されて、伝承によれば、五重塔まで売りに出される騒動があったとか。買い手は金目の金具類だけを取り出して、あとは薪にするつもりだったというから恐ろしい。

それでもどうにか五重塔は残ったものの、旧境内は奈良公園の一部にされ、廃寺同然となってしまった。じつは、鹿がのどかに群れをなしているあの奈良公園は、明治十三（一八八〇）年の開園。廃仏毀釈によって崩壊した興福寺境内の跡地を整備してできたものだ。

その後、行き過ぎた廃仏政策を反省する機運が高まり、明治十四（一八八一）年には再興が許可されて、徐々に寺観が整備されていった。しかし現在でも、興福寺には通常の寺院のような境内を囲む塀がなく、奈良公園を歩いているといつの間にか境内に入り込んでしまう。このように寺域がはっきりしないのは、明治期に吹き荒れた廃仏毀釈の嵐の残痕なのである。

国が神様を格付け

続いて、明治政府は明治四（一八七一）年五月に、神社は宗教施設ではなくて「国家の宗祀《そうし》」、すなわち国家が尊び祀るべき国家機関であると宣言する。そして、それにふさわしい体裁を整えるため、それまで世襲されていた神職を官吏（公務員）に準ずる立場に改め、神社に対しては「社格制度」を導入した。

社格制度とは、全国の神社の格（社格）を国が格付けして序列を決める制度で、皇室の祖神とされる「天照大御神《あまてらすおおみかみ》」を祀る伊勢神宮（正式名は「神宮」）をすべての神社の上に君臨する〝格別〟の位置に置いたうえで、全国の神社は「官社」（官幣社、国幣社、別格官幣社）とそれ以外の「諸社」（府社、県社、郷社《ごうしゃ》、村社《そんしゃ》、無格社）に分類された。要するに、古来さまざまな信仰や神社が雑多に存在していた神仏の世界に国家が立ち入り、神社は国家機関であるという理屈でもって、伊勢神宮を頂点とした一元的なピラミッド型組織に再編成することにしたのである。

しかし、そもそも「八百万の神々」と言われるように、古来わが国では非常に多くの神々が信じられてきた。國學院大學日本文化研究所編『〔縮刷版〕神道事典』（弘文堂、一九九九年）によれば、日本の神々は大きく次の三つに区分される。

①「古典の神」――『古事記』『日本書紀』『風土記』『万葉集』などの日本古代の文献に記載されている神々のこと。アマテラス（『古事記』では天照大御神《あまてらすおほみかみ》、『日本書紀』では天照大神など）や、スサノヲ（『古事記』では〔建速〕《たけはや》須佐之男命《すさのをのみこと》、『日本書紀』では素戔嗚尊《すさのをのみこと》など）といった日本神話の神々である。

②「習合神」――仏教や道教、陰陽道と習合した神。先述の牛頭天王や蔵王権現など。

③「民間の諸神」――地域土着の信仰から生まれた、特定の固有名をもたない民間の神々を指す。それぞれの地域の地名とも密接にかかわる神でもある。土地およびその土地に住む人々の守護神である産土神《うぶすながみ》をはじめ、氏神、家の神、市の神、海の神、水神、風神、雷神、竈神、境の神、地主神、鎮守神、田の神、漁業神、鍛冶神《かじしん》、疱瘡神《ほうそうがみ》など。

こうした多種多彩な神々が、どれも明治近代国家の眼鏡にかなうような神様だったわけではなく、明治国家と相性がよかったのは、皇室神道の神ともいえる「古典の神」だけである。「習合神」は明確に否定されているし、起源や由来があやふやな「民間の諸神」も、それから派生する民俗信仰的な習俗も含めて迷信・猥雑・悪しき旧習などと見なされて廃絶の対象にされた。

日本思想史研究の重鎮、安丸良夫《やすまるよしお》氏は、昭和五十四（一九七九）年に上梓した『神々の明治維新――神仏分離と廃仏毀釈』（岩波新書）でこう記している。

> 神仏分離といえば、すでに存在していた神々を仏から分離することのように聞こえるが、ここで分離され奉斎されるのは、記紀神話や延喜式神名帳によって権威づけられた特定の神々であって、神々一般ではない。廃仏毀釈といえば、廃滅の対象は仏のように聞こえるが、しかし、現実に廃滅の対象となったのは、国家によって権威づけられない神仏のすべてである。（中略）要するに、神話的にも歴史的にも皇統と国家の功臣とを神として祀り、村々の産土社をその底辺に配し、それ以外の多様な神仏とのあいだに国家の意思で絶対的な分割線をひいてしまうことが、そこで目ざされたことであった。

刊行後四〇年近くたってもなお読み継がれている同書には、村々の神祠を検分して神仏分離政策を遂行していた官吏が、習合神のみならず、名称や由来がよくわからない民間の神様も排除の対象として、不都合な神体や飾り物などを取り除かせたり、祭神をもっともらしい記紀神話の神に改めさせたりして教導していた事例など、その実態が豊富に示されている。

当時の神社は、社格最下位の無格社の数が最も多く、全体の大半を占めていた。村々にはそんな神社のほか、なにを祀っているのかよくわからない小祠やら、野仏やら、道祖神やらがたくさんあった。しかし、そうした土着的な神仏は、国家によって引かれた境界線の向こう側にはじき出されてしまったのである。

日本人が無宗教になったワケ

本章の前半で先述したように、明治二十年代から町村統合が始まる。そして村々がすっかり整理統合され、自然村が行政村に変貌した時世となった明治三十九（一九〇六）年、一町村一社を原則として神社を整理する「神社合祀令」が発布され、神社は廃社あるいは合併されていった。言うまでもなく、このとき廃止されたり別社に合祀されたりしたのは、主として国家に認められなかった〝土着の小さな神々〟であった。結果、明治三十九年の時点で約二〇万社あった神社は、大正初年には約半数の一一万余社に激減することとなった。

明治近代国家は、町村合併によって国の「かたち」に明確な境界線を引き、神仏分離政策では、人々の「こころ」に見えない境界線を引いたのだった。

ただし、「こころ」への境界線は無意識のうちに設定された。というのも、当時は世を挙げての文明開化の時代。分野を問わず、前時代的なものはマイナス、新しいものはプラスの価値として人々に迫っていたから、庶民自身が土着的なものからの脱却を開明的なこととして受け止めていた。それゆえ、さまざまな土着の民俗信仰についても、猥雑な旧習と一緒くたに境界線の向こう側に置くことを、庶民自身が良しとしてしまったのだ。

安丸氏は、そんな具合に、権力から抑圧されたという不満や不安を人々がはっきり認識することなく、漠然と無意識のうちに葬り去って、「開明的諸政策とその諸理念が曖昧に受容されて」しまったことが、「日本人の精神史に根本的といってよいほどの大転換」を生じさせ、「そのことが現代の私たちの精神のありようをも規定している」と述べている。

たしかにその後、第二次世界大戦の敗戦によって国家神道の体制は崩壊し、神道はふたたびほかの宗教と同列に置かれるようになった。しかし、かつて「国家の宗祀」とされた神社は国家から分離されたと謳われてはいても、結局のところ、「現在我々が目にする神社・祭式の姿は、このとき以来のもので、たかだか百数十年を経たに過ぎない」（伊藤聡著『神道とは何か――神と仏の日本史』中公新書、二〇一二年）。今も神と仏は分断されたままで、現代の私たちが〝日本古来の伝統的信仰〟のかたちのように受け止めているのは、存外、明治期に整備されたものがほとんどだ。そしてなにより、明治国家によって引かれた境界線は日本人の意識の奥深くに消しがたく刻まれて、もはや、なにごともなかったようにもとに戻すことはできなくなっている。

近代化に際して、人々の意識や価値観、生活様式などが大きく様変わりするのは、もちろん日本に限ったことではない。ただ、日本の場合、明治政府によって神仏分離がなされる以前には、一〇〇〇年以上にわたって神仏習合の状態にあり、日本人にとっては神仏をともに信じることが心の〝習慣〟となっていた。そんな自然な心のありようを、国家が引いた境界線によって見失ってしまったことは看過できない。

私は序章で、現代人はみずからのことを「無宗教」と感じ、なにかを「信じている」とは胸を張っては言えない状況にあると書いたが、私たちがこのような心もちになってしまうのは、明治維新後の神仏分離政策の影響なのかもしれない。そして、そういう私たちの社会と精神のあり方が、現代の地名が「場所を示す単なる記号」になってしまっていることにも、少なからず関係しているのではないかと思う。

先に述べたように、近世の村にとっては、だれが支配しているかはたいした意味をもたなかった。だれに支配されていようと、日本列島の上ではいつの時代も変わることなく四季が移ろい、人々は大地を踏みしめて日々のささやかな暮らしを営んできた。要するに、本書で手繰り寄せるべきは、統一的意思をもつ国家の都合で命名された官製地名ではなく、国家とは縁のない〝小さな土着の神々〟とともに生きていた人々の情感が沁み込んだ地名である。本章を通してそのことが見えてきた。

第三章　「日本国」よりも古い地名

古代国家のディープインパクト

人々がささやかな暮らしを紡いできた故郷を意味する「くに」と、全国を統一する権力のもとにある「国」(国家)は、同じクニでも大違いだ。地名と地続きの「くに」とは違って、「国家」のほうは、表面に現れている以上に地名と抜き差しならない関係にある。それゆえに、明治維新を境にして大きく変わった国のかたちは、地名の世界に断層を生じさせる結果となったのだった。

近現代の地名は、その断層を抱え込んだ地平の上にある。「平成の大合併」はキラキラしたひらがな地名やカタカナ地名を多数生む結果となったが、そんな「平成の大合併」にしても、戦後に自治体の合理化をめざした「昭和の大合併」にしても、詰まるところ、「明治の大合併」によって形成された行政地名を土台としている。明治の近代国家が社会に引いた境界線は、いまだ影響力を残しているのである。

そうなると、地名から日本の古層を探っていくにあたって、俄然気になってくるのが、明治政府が「復古」のモデルとした古代の律令国家のことだ。この古代国家は、社会や地名にどのような線を引いたのだろうか――。

結論から先に言ってしまうと、その境界線は明治の近代国家による線など比較にならない波及力を有していた。なぜなら、この古代律令国家こそが、日本列島の上に初めて成立した本格的な「国家」だったからだ。列島のほぼ全体に達する土地とそこに住む人民とを直接支配する制度を確立した最初の国家がまっさらなところに引いた線が、その後に続く歴史にくっきりと跡を残すのは自明のことだ。

この古代律令国家は列島を「畿内」(大和、山城、河内、摂津の「四畿」、のちに和泉が設置されて「五畿」)と「七道」(東海道、東山道、北陸《ほくろく》道、山陰道、山陽道、南海道、西海道)に区画し、その下に「国・郡・里」という三つの階層の行政単位を置いた。現在でも地方名や鉄道路線名などに用いられている「東海」「北陸」「山陽」「山陰」といった名称は、この「五畿七道」に由来したものだ。また、「近江国」「信濃国」「飛騨国」「尾張国」などという「令制国」の名も、旧国名としていまだに潜在的に生き続けており、第一章で取り上げた市町村名や地域ブランド名など多方面で使われている。

本州・四国・九州の大部分を支配下に置いた列島最初の国家ゆえ、当然といえば当然なのだが、古代律令国家が引いた境界線の効力は、現代社会にまで有形無形に及んでいるのである。

「日本」の始まり

そもそも「日本」という国は、そうやって線が引かれたことで誕生した。「日本」という国号がいつから使われているのか、現代日本人のほとんどは意識したことすらない気がするが、たと

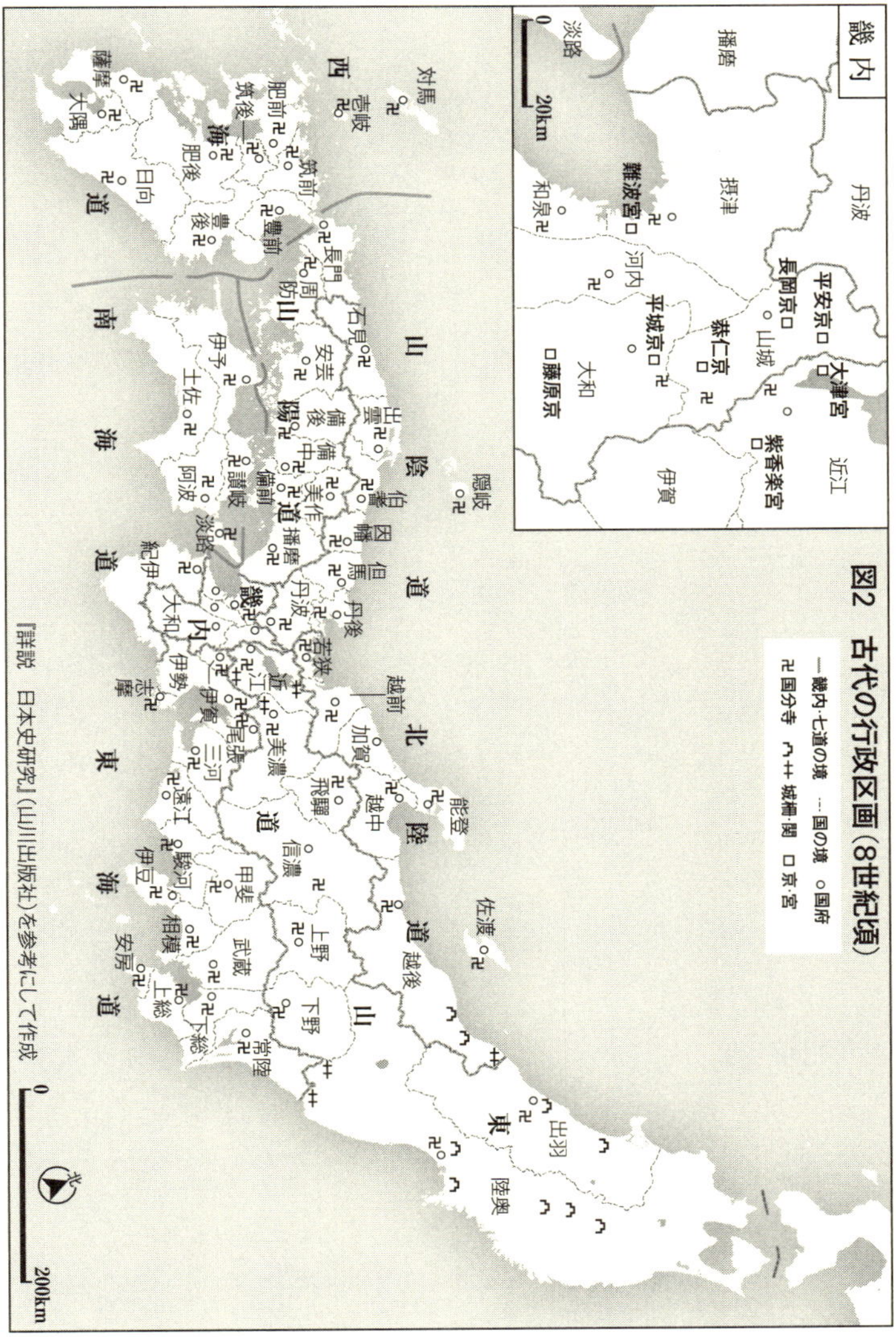

図2 古代の行政区画(8世紀頃)

『詳説 日本史研究』(山川出版社)を参考にして作成

えば明治政府が行ったのは、「建国」ではなく「日本の再編」だ。幕末の坂本龍馬も、「日本を今一度せんたくいたし申候」と手紙にしたためている。また、織田信長の一代記『信長公記』には、「そもそも大坂はおよそ日本一の境地なり」に始まる一節があるし、室町時代の将軍、足利義満は、中国（明）との外交に「日本国王」の称号を用いている。彼らはみな、みずからの国を「日本」と認識していた。

時代の変遷の中でさまざまな国制の変化はありながらも現代に至るまで続く、この「日本」という国号――。歴史をさかのぼっていくと、それを初めて用いて歴史を画したのは、まさに件《くだん》の古代律令国家なのである。

ちなみに、古代の国というと、所在地をめぐっていまだ論争が続いている邪馬台国をイメージされる方がいるかもしれない。しかし、弥生時代に存在した邪馬台国は対馬国、末盧《まつら》国、伊都《いと》国、奴《な》国など約三〇カ国からなる小国統合体で、女王卑弥呼はそれぞれのクニを支配する首長=王を統括するかたちで諸国を支配していた。「魏志倭人伝」には、南に位置する男王の狗奴《くな》国とは不和で戦争状態にあったという記述もあることから、邪馬台国はすべてのクニを統一した国家だったわけではないことが知れる。

この邪馬台国とヤマト王権の関係については議論のあるところだが、大勢としては、のちに「日本」の成立を果たすことになったのは、三世紀後半から四世紀前半に近畿地方に興ったとされるヤマト王権と考えられている。

ヤマト（漢字ではのちに大和と表記）の有力豪族による連合国家として始まったヤマト王権は

急速に支配力を伸ばして、各地にあった地方豪族を支配下に組み入れていく。そして六世紀から八世紀の飛鳥時代、激しく揺れ動いていた東アジアの政治情勢のうねりの中で国家体制の充実を迫られ、中国（隋、唐）の先進の統治システムを取り入れて、天皇を頂点とする中央集権的な律令国家を建設していった。これがわが国最初の本格的な「国家」となったのである。

東アジアの中の「日出づる国」

「日本」の国号は、律令国家の形成が急ピッチで進んだ七世紀後半の天武天皇・持統天皇の時代に、「天皇」という称号とともに使われ始めたとする説が有力だ。天武天皇が着手し、持統天皇三（六八九）年に施行された「飛鳥浄御原令《あすかきよみはらりょう》」で公式に設定されたのではないか、とする見方もある（吉田孝著『日本の誕生』岩波新書、一九九七年）。

ただし、中央集権体制を支える国家の基本法典である「律令」は本来、刑法にあたる「律」と、行政組織や租税などを規定する「令」からなるもの。「飛鳥浄御原令」は「令」のみだったため、律令編纂はその後も続けられ、「律・令」の両方がそろった本格的な法典『大宝律令』が完成したのは、持統天皇が年若い文武《もんむ》天皇に譲位して太上《だいじょう》天皇となってから四年後の、大宝元（七〇一）年のことである。

明治国家が欧米列強と肩を並べることをめざしたように、古代ヤマト王権は先進の中国を仰ぎ見て〝追いつけ追い越せ〟と国家建設事業を進めてきた。『大宝律令』の完成はその国家の骨格となる律令制度がついに成立したことを意味している。前出の吉田氏も、この年を「日本の歴史のなかでも、大きな画期となる年であった」としている。

そんな大願成就を祝うように、この年の正月一日、藤原京の大極殿で執り行われた「朝賀の儀」（天皇が群臣から年頭の拝賀を受ける儀式）は、ことさら晴れやかな雰囲気に包まれていた。『続日本紀』同年春正月朔《ついたち》の条には、朝鮮半島の新羅《しらぎ》からの使者も参列して行われた壮麗な儀式のさまが描かれ、「文物の儀、是《ここ》に備れり」と記されている。その誇らしげな記述からは〝ここに日本誕生せり〟と言わんばかりの達成感がにじむ。

実際、『大宝律令』が施行された大宝二（七〇二）年に海を渡った遣唐使一行は、中国に対して、それまでの呼称の「倭」ではなく、「日本」という国号を初めて用いている。

中国がつけた「倭」という呼び名は、朝貢の際に使者が「われ（我）」という意味で用いた「ワ」を中国側が国号と勘違いし、その音に漢字を当てたものともいわれる。以来、中国の皇帝に貢ぎ物を捧げる属国として「倭」と呼ばれてきた国が、大帝国中国に向かって「日本」という独自の国号を明言し、対等な独立国だと主張したのである。国内での使用開始時期については異論もあるが、外国に向かっては、まさしくこのときが「日本国」の〝デビュー〟の瞬間だった、というのが定説となっている。

歴史を定着させる文字

律令国家の形成期には、律令とともに史書の編纂も進められた。律令の編纂作業を通して、「中国―わが国」というコントラストの中で自国の歴史や文化が強く意識されるようになり、自国のルーツに関心が向かったのである。こちらも天武天皇の統治の頃から歴史書の編纂機運が高まり、奈良時代に入って和銅五（七一二）年に『古事記』が、そして養老四（七二〇）年には『日本書紀』が成立した。

『古事記』と『日本書紀』とでは、その性格に違いはあるものの、ともに「天地開闢《かいびゃく》」「国生み」「神生み」「天孫降臨」といった「神代」の日本創世神話が綴られたのち、そのまま「人代」に流れ込んで、天降《あまくだ》った天孫ニニギの曾孫《ひまご》である神武天皇を初代とする「天皇の系譜」が語られている。天皇の治世の歴史としては、『古事記』が神武天皇から第三十三代推古天皇まで、『日本書紀』は第四十一代持統天皇までが収められている。

声は口に出したそばから風に消えていく。どれほどの称賛の声を集めようとも、異能の語り部が語り継いでくれない限り、その声は忘却のかなたに消えていく運命にある。文字はそんな声を定着させる力をもつ。もちろん口伝で継承される奥義もあるし、文献に記載されていることがすべて史実とも限らない。それは否定できないが、ともかく古代律令国家の中枢にいる人々は、自分たちのルーツと支配の正統性を保証する〝みずからの歴史〟を文字で記し、書物という方舟をこしらえた。

そして、その方舟は実際に滔々《とうとう》たる時代の波を乗り越えて、彼らの描いた〝国史〟を後世に運び伝えてきた。もしも彼らが声を文字として定着させなかったら、およそ一三〇〇年の時を隔てた現代の私たちが古代律令国家の自画像を知ることはできなかっただろう。それは、邪馬台国が自前の記録を残していないため、わずかに中国の正史の一隅に残された記述を頼るほかなく、その実態がいまだ謎に包まれているのとは対照的だ。

前にも説明したように、明治維新の理念は初代神武天皇による国家の創業に立ち返ることだったが、そもそも明治政府が「神武創業」を復古のモデルとすることができたのも、こうして古代律令国家によって記された建国神話があったからなのだ。

その意味では、古代律令国家が文字を用いてみずからの国家についての〝歴史〟を初めて書き記したこと――それが、この国家がその後の日本列島の社会に残した、最もくっきりとした線といえるかもしれない。

ヤマト王権と漢字の出会い

そうした記述を可能にしたのは、中国から伝来した文字「漢字」である。

日本は、もともとは自前の文字をもっていなかった。無文字社会などというと暗い未開社会を連想されるかもしれないが、この国は「言霊《ことだま》の幸《さき》はふ国」（言霊の力が幸いをもたらす国）。山上憶良《やまのうえのおくら》は『万葉集』のいわゆる「好去好来歌《こうきょこうらいか》」（遣唐使を送る歌）でこううたっている。

神代《かみよ》より　言ひ伝て来《つ》らく《く》　そらみつ　大和《やまと》の国は　皇神《すめかみ》の　厳《いつく》しき国　言霊の　幸はふ国と　語り継《つ》ぎ　言ひ継がひけり……

（巻五―八九四）

――神代より言い伝えられてくることには、空に充ちる大和の国は、神威に満ちた国、言霊の霊力のある国と語り継ぎ、言い継いできた……。

言霊が充ち満ちている大和の国では、「好去好来――つつがなく無事に出発なさって、早くお帰りください」と祈る言葉は、その言葉どおりの幸いをもたらすだろう、と憶良が詠んだように、この国では、口から発する言葉（声の響き）そのものに霊的な力が宿っていると信じられていた。だから、祖先から受け継いだ伝承も、時代の出来事も、舞台となった地名も、思いを訴える歌も、あらゆる情報は声に乗せて伝えられてきた。ある意味、文字を必要としないほどに、言霊の力に絶大なる信頼が置かれていたのである。

そうした事情もあったのであろうか、古くは、後漢の光武帝から建武中元二（五七）年に賜ったとされる有名な「漢委奴国王《かんのわのなのこくおう》」の金印のほか、二世紀のものと推定される土器に漢字が刻まれたり墨書きされたりしているものも見つかってはいるが、弥生時代の人々にとって、漢字は文字と意識されることなく、呪力を秘めた符号、あるいは権威を象徴する印《しるし》と見られていたようだ。

中国大陸から本格的に漢字が伝来し、国内で漢字が使用されるようになったのは、ちょうどヤマト王権が勢力を拡大していた四世紀末から五世紀初め頃とされる。その時代、乱世にあった東アジア情勢の影響で、中国大陸や朝鮮半島から倭国へ大量の移住者が生じた。高度な技能や文化を身につけた彼らによって、儒教や製鉄・土木・農業・機織《はたお》りなどの高度な技術がもたらされた。このとき、『論語』『千字文《せんじもん》』といった書物ももち込まれ、当時の人々は学ぶべき学問や文化を蓄蔵する情報媒体として漢字に出会ったのである。

折しも、東アジア情勢の風圧を感じて強い国づくりを急いでいたヤマト王権にとって、漢字で書かれた知識・情報を手中に収めて独占することは、権力の基盤を強化することに直結した。そこで、文筆の業に長けた渡来人に「史《ふひと》」という姓《かばね》を与え、技術者集団「史部《ふひとべ》」としてヤマト王権に組み込んで奉仕させた。漢字が伝来したばかりの頃は、記録や文書作成といった文筆の仕事はもっぱら渡来人にゆだねられていたが、時がたつうちに、倭国のしかるべき立場にいる人々も漢字・漢文を読み書きする技術を習得していき、仏教が伝来した六世紀あたりになると、倭人も漢字をあやつれるようになっていたとされる（付録11参照）。

推古天皇二十八（六二〇）年には、聖徳太子が蘇我馬子《そがのうまこ》とともに「天皇記」（天皇の系譜）、「国記」（神代からの国の歴史）などを「録《しる》した」という記述が『日本書紀』に見える。これらがのちに成立した『古事記』『日本書紀』の素材になったという説がある一方で、聖徳太子（厩戸皇子《うまやどのみこ》）の事績については額面どおりには受け取れないという意見もあるが、聖徳太子像の真偽のほどはさておいて、この頃には朝廷の宮人たちが相当な漢字能力を備えるようになっていたことがうかがえる記事である。

その後、『大宝律令』によって官庁組織の体系が整えられ、全国一律に律令（法律）にもとづいて統治する中央集権的な律令国家が成立すると、官僚機構における命令や報告はすべて文書によって行われるようになった。文字に固定化してしまえば、声による伝達と違って、為政者の命令を中央から地方へ一斉に伝達することが可能となる。その特性を生かして、徹底した文書主義の行政システムがとられるようになったのである。

「令」の編目の一つ「公式令《くしきりょう》」では、定められた形式に従って作成された文書以外は受理しないこと、正式な文書には印鑑を押すことなど、公文書・法令の様式や発布手続きが細かく定められた。こうした文書行政シムテムがとられたことは、漢字がさらに広く社会に普及していく大きな契機にもなった。

漢字を借りてやまとことばを書く

しかし、漢字は母音・子音の数、発音、語順など、やまとことばとはなにもかもが異なる中国語を書くために発達してきた文字である。当然のことながら、そんな異国の文字では、この国の人々の口から出ることばをそのまま書き記すことはできなかった。そのため漢字伝来当初は、文章を書くというのはイコール中国語を書くことであり、文章を読むとは中国語を読むことを意味していた。

ただ、中国語に存在していない語句については、中国語で書くことはできない。そこで、この国にしかない地名や人名といった固有名詞は、その声の響きに合う漢字の字音を借りて一字一音で表された。いわゆる「万葉仮名」である。

中国では史書の中で倭国など外国の地名や人名を表記する際、漢字の音を使って「邪馬台国」「卑弥呼」などと表した。同じことを倭国の人がみずからの手で記すようになったのだ。現存最古の地名例としては、和歌山県橋本市の隅田《すだ》八幡神社所蔵の隅田八幡宮人物画像鏡（四四三年作あるいは五〇三年作とする説が有力）の銘文に「意柴沙加（おしさか）」の文字が見え、埼玉県行田《ぎょうだ》市の稲荷山古墳から出土した鉄剣銘（四七一年作が定説、一部に五三一年作説）には「斯鬼

（しき）」と刻まれている。

また、「読む」のではなく「詠《よ》む」ことを前提とした「やまと歌」（和歌という用語は平安時代以降のもの）も、万葉仮名など独特の書記法で書かれた。徳島県徳島市国府町《こくふちょう》の観音寺遺跡（阿波国府の推定地）から発掘された七世紀末の木簡には、「奈尓波ツ尓作久矢己乃波奈」（難波津に咲くやこの花）という歌の一部とみられる文字が記されている。

霊力が宿るとされたやまとことばが育んできた歌は、書き記されるようになっても、その歌を詠んだとき、やまとことばの響きと連なりのリズムがそこから立ち上ってこなければならなかった。「言霊の幸はふ国」の人々にとっては、歌の内容もさることながら、どう詠むのかという、やまとことばの響きがなにより重要だったのだ。そもそも「万葉仮名」という呼び方も、のちに成立した現存最古の歌集『万葉集』（七世紀から八世紀末までおよそ一世紀半をかけて編纂され続けた）に多く見られることに由来している。

だが、漢字の表意性を無視し、単なる音符のように一字一音で表現する万葉仮名的用字法では、長文を書くとなると、どうしても冗長になってしまう。『古事記』を筆録した太安万侶《おおのやすまろ》は、漢字を借りてやまとことばの文章を書くことのもどかしさを「すべての文を漢文で叙述したのでは、心に思っていることが十分に表せない。逆に、漢字の音だけを借りる方式で書くと、文章が長くなって趣旨がわかりづらい」と、序文で吐露している。そこで、「表意文字としての漢字本来の用法と漢字の表音的用法（万葉仮名）とを交ぜて書くことにした」という。

古代びとたちはいつしか、漢字の字義に即した読み方も、中国語の発音に似た音で読む（＝音読）だけでなく、その文字にやまとことばの意味にもとづいた音を当てはめて読む（＝訓読《くんどく》）ようにもなっていた。

さらに、漢文の語法にとらわれず、やまとことばの語法で書き記すこともなされるようになる。それは、見た目は漢文でも、実際には日本語の語法で表記されていることから、「和化漢文」（あるいは「漢式和文」「変体漢文」）と呼ばれている。『古事記』の文体は、序文が漢文体、本文はこの和化漢文体という混成スタイルでまとめられている。ただし、中国を意識してまとめられた『日本書紀』のほうは正式な漢文体で書かれている。当時の最もステイタスのある文章は漢文体。現代でも外交やビジネスの場ではフォーマルな英文を要求されるように、正史である『日本書紀』は、中国人にも通用する格式高い漢文で書かれる必要があったのだ。

当時のエリートたちには高い漢文能力と漢籍の素養が求められていた。だいたい律令制自体が中国を模範としたものだから、官僚任用試験では、『儀礼《ぎらい》』『論語』といった儒学の経書《けいしょ》や、『文選《もんぜん》』（詩文集）、『爾雅《じが》』（中国の辞書）などの試験が課せられた。しかしその一方で、われらが祖先はやまとことばの言霊にこだわり、漢字を借りてやまとことばの文章を書くという挑戦にも大胆に踏み出していったのだった。

それは言うなれば、「やまとことばの声の響き」と「漢字という文字」という両者の間で手綱をさばき、漢字を手なずけて日本の文字を開発していこうとするプロジェクトであった。ヤマト王権とそれに連なる人々がそのことの意味をどれほど意識していたかはわからないが、後世から眺めてみると、これこそ、はかり知れない波及力を後々まで及ぼすことになる古代日本における最大の事業だった。

翻弄される地名表記

先人たちは長期にわたる悪戦苦闘の末に、漢字をねじ伏せて日本オリジナルの仮名文字（カタカナとひらがな）を生み出し、漢字そのものをも換骨奪胎して音訓両用の日本仕様の文字にモデルチェンジするに至る。日本語というのは、そうして「漢字」と「やまとことば」がせめぎ合い、試行錯誤を繰り返す中で、今あるような姿に醸成されてきたのだ。そのおかげで日本語の文字表記は磨かれ続け、驚くほど多様な表現が可能になった。

もっとも、その豊かさは煩雑さと表裏一体。結果として、音読・訓読取り混ぜて一つの漢字にいくつもの読みが生じることとなり、日本語の「音」と「文字」の関係はいたく複雑なものになってしまった。それが、語句の意味はわかるが声に出しては読めない、という困った現象が生まれる一因にもなっている。

近年目立つキラキラネームも、日本語が背負ったそうした宿命と無縁ではない。前著『キラキラネームの大研究』は、まさにこの点について考察したものだったが、じつは、人名やほかのどんな言葉より、〝日本語開発プロジェクト〟の「言葉の音」と「文字」の組んずほぐれつの格闘の真っただ中に放り込まれ翻弄されることになったのは、ほかならぬ地名なのだ。

なにしろ地名の寿命は長い。人名は個人の一生とともにそのつど新陳代謝を繰り返して交代していくが、地名の場合は、幾多の時代を貫き、その間に生じた転変を何層にも積み重ねつつ、切れ間なく継承される。そうして変化していくうちに、原形が層の下に埋もれてわからなくなってしまうことがしばしば起こる。

たとえば、先に現存最古の地名と紹介した「意柴沙加」は、一字一音で「オシサカ」という音を表している。それぞれの漢字の意味とはまったく無関係な、単なる当て字である。この地名は、その後の史料では「おしさか」のほか「おさか」とも呼ばれて、「意柴沙加」「押坂」「男坂」「於佐箇」「意佐加」などとも書かれている。そして現在では、隅田八幡宮人物画像鏡の銘文が「意柴沙加宮」となっていることから推して、五世紀半ばの允恭《いんぎょう》天皇の皇后、忍坂大中姫《おしさかのおおなかつひめ》のために設けられた大和の「忍坂宮《おしさかのみや》」ではないかといわれている。その宮の伝承地とされる奈良県桜井市には、今もって「忍坂」を思わせる地名がある。ただし、用いられている漢字は「忍坂」ではなく「忍阪」。読みは「おっさか」に変わっている。

『角川日本地名大辞典』によれば、「オシサカ」の「オシ」は「押・大」の意で、女寄《みより》峠にかけての長い坂道、または押し迫った地域という地形語に由来するという。たしかに、この忍阪の集落を抜けて女寄峠に向かう道は坂道が続く。最近では、この坂は「ブルベ」と呼ばれる自転車の長距離の走行認定イベントのコースに設定されることがしばしばあり、難所として有名なのだそうだ。それにしても、「忍阪（おっさか）」という現在の地名は、「長い坂」「押し迫った坂」を指したと思われる、もともとの地名からはずいぶん遠く離れている。

さらにややこしいことに、古代において忍坂大中姫に仕える職能集団として「忍坂部《おしさかべ》」が設けられ、こちらはこちらで独自の展開をたどった。「忍坂部」の部民《べみん》（「部」に所属する民）は、忍坂宮で皇后の雑用や警備にあたったほか、各地に点在していた皇后の料地で管理業務もしていたとされるのだが、「忍坂部」の読みが「おしさかべ→おさかべ」と転訛して、やがて表記も「刑部」へと変化していったのである。そして、彼らが居住していた忍坂大中姫の料地も、部の名前にちなんで「刑部」と呼ばれるようになった。

現代でもそれに由来して、「刑部」と書いて「おさかべ」「おしかべ」「おさべ」と読む地名が各地に受け継がれている。ここまでくると、かつて声だけで存在していた頃の「オシサカ」という地名の面影はすっかり消えてしまっている（付録12参照）。

もう一つの古地名「シキ」のほうも、「斯鬼」はのちに「磯城」と表記されるようになったとされているが、これまた尋常一様ではない。

前出の稲荷山古墳出土鉄剣銘では、「斯鬼」という文字の前後は「獲加多支鹵大王寺在斯鬼宮時」と刻まれており、これが「ワカタケルの大王の寺、シキの宮に在る時」と文字解釈されて、一説には、「獲加多支鹵大王」は第二十一代雄略天皇、「斯鬼宮」は泊瀬朝倉宮《はつせのあさくらのみや》を指すと考えられている。「斯鬼宮」と「泊瀬朝倉宮」――ずいぶん名称が異なるが、「斯鬼」とは、『日本書紀』で「磯城」と表記される地域と想定されている。磯城地域には第十代崇神《すじん》天皇の「磯城瑞籬宮《しきのみずかきのみや》」、第十一代垂仁《すいにん》天皇の「纏向珠城宮《まきむくたまきのみや》」、第十二代景行《けいこう》天皇の「纏向日代宮《まきむくひしろのみや》」、第二十九代欽明《きんめい》天皇の「磯城嶋金刺宮《しきしまのかなさしのみや》」などが営まれたと『日本書紀』にあり、「獲加多支鹵大王」の「斯鬼宮」も、「磯城にある宮」と見られているわけだ。

この磯城地域が中心となって、奈良時代に「城上郡《しきのかみのこおり》」「城下郡《しもの》」ができる。それぞれ「磯城の上の郡」「磯城の下の郡」の意で、中世以降には「式上郡《しきじょう》」「式下郡《しきげ》」に用字が変化した。明治維新後に近代的な地方行政制度がスタートしてからは、明治三十（一八九七）年に奈良県で郡制が施行され、この二郡に「十市郡《といち》」を加えて「磯城郡」が発足した。その後、市町村合併を繰り返した末、現在の奈良県磯城郡には川西町、三宅町、田原本町の三町が属している。

ところで、どうして「シキ」が「磯城」という表記になったのか。改めて意識してみると不思議に思うが、『広辞苑』で調べたら、見出し語にちゃんと「しき【磯城・城】」が立てられていた。過去の用例では、この表記で「①石で築いたしろ、石のとりで。②石で築いた祭場」の意で使われていたという。

また、そのルーツは朝鮮語の「シキ（城・砦）」に由来しているとする説もある。当時は朝鮮半島からの渡来人が大勢朝廷内で仕事をしており、平安時代初期に編纂された古代氏族名鑑『新撰姓氏録《しんせんしょうじろく》』によれば、京および畿内に住む一一八二氏のうち、渡来人系の氏族は三二六氏と、全体のほぼ三割にも達している。それほど多くの渡来人が住んでいたことを考えると、朝鮮語の影響も十分ありうることだ（付録13参照）。

難読の原点、好字二字令

こうした「オシサカ」と「シキ」のめくるめく変転からもわかるように、長らく声だけで伝えられてきた地名が書き記されるようになって、その表記はさながら〝日本語開発プロジェクト〟の実験場の様相を呈していった。音のみが万葉仮名で表されるところから始まって、しばらくすると漢字の表意性を生かした漢字が当てられ、途中でさらに別の漢字に変わったり、読みが転訛していったり、元の姿がわからなくなるほどに、地名は変化していくことになったのである。

ところが、地名の流転の運命はこれだけでは終わらなかった。奈良時代の和銅六（七一三）年に元明天皇が『風土記』撰進の詔を出した際、地名には「好字」を用いよ、と命じたのだ。いわゆる「好字二字令」と呼ばれるものである。これによって、それまで一字もあれば三字や四字もあるという状態だったうえに、同じ地名でも文字遣いがまちまちだった地名表記が、中国風の「好字・二字」に改訂させられることになった。

この詔では「二字」とは言明していないが、国名については「倭→大和」など、すでに「飛鳥浄御原令」前後に二字化されていた史実も知られており、それがさらに郡・郷の地名にも及んだものと考えられる。「律令」の施行細則として編纂された平安時代の『延喜式』には、「凡《およ》そ諸国部内の郡里等の名はみな二字を用い、必ず嘉名を取れ」と明文化されている。

こうした漢字二字化によって、たとえば国名では「上毛野国→上野国」「下毛野国→下野国」「木国→紀伊国」「粟国→阿波国」に統一された。「上毛野国」「下毛野国」は、「毛野（ケヌ／ケノ）の国の上・下」という意味で、それぞれ「カミつ－ケヌ（ケノ）の国」「シモつ－ケヌ（ケノ）の国」と呼ばれていたが、二字化政策で「毛」が省かれて「上野」「下野」となったときに、音は「ヌ（ノ）」が抜け落ちて「カミツケ」「シモツケ」となり、「カミツケ」においてはさらに「コウヅケ」に訛って今に至っている（現代仮名遣いではフリガナは「コウズケ」と振られる）。

ちなみに、「上野国」といえば現在の群馬県に相当するが、この「群馬」も好字二字化によって生まれたものだ。「群馬」という表記から、「多くの馬が群れている所」というのが地名の由来と考えられていた時代もあったのだが、藤原宮跡出土木簡に「上毛野国車評」と書かれているのが発見され、「車評」は「クルマのコオリ」と読むことがわかった（「評」は大化改新の頃に使われていた行政単位）。「群馬」とは、この「車」が好字二字化したものだったのだ。その後、「評」が「郡」に改められ、同じ読みを「群馬郡」と表記するようになった。この「群馬（クルマ）」がのちに「グンマ」と読まれるようになり、現在の県名に継承されている。

また、「木国」は雨が多く木が生い茂っている様相から、「粟国」は粟の生産地だったことが名前の由来ともいわれる。ほかにも諸説あるものの、どんな説にしろ、「紀伊国」「阿波国」に変更されたことで、もともとの地名の意味が失われてしまったのは間違いない。

ほかにも、好字化、二字化の例は枚挙にいとまがない。

- 泉（いずみ）→和泉（いずみ）
- 津（つ）→摂津（せっつ）
- 近淡海（ちかつあわうみ）→ちかつおうみ）→近江（おうみ）
- 遠淡海（とおつあわうみ→とおつおうみ）→遠江（とおとうみ）
- 吉備道前（きびのみちのくち）→備前（びぜん）
- 多遅麻（たじま）→但馬（たじま）
- 波伯吉・伯伎・波伯（ほうき）→伯耆（ほうき）
- 无耶志（むさし）・无射志（むざし）・牟射志（むんざし）→武蔵（むさし）

・針間・幡麻（はりま）↓播磨（はりま）

国名以外でも、たとえば、「林」という自然地名が無理やり意味不明な「拝志」「拝師」に変更されたり、「上」が「賀美」に、「中」が「那賀・那珂・名賀・奈何」に、「下」が「資母」などと表記されることも起こった。

こうして見てみると、複数あってバラバラだった地名表記を一つに統一するという成果もあったものの、一文字の地名を二字化したり、三文字以上の表記を短縮したり、強引に好字二字にしたことが、もともとの地名が表していた意味を遠ざける結果となり、さらに難読地名の源泉にもなったことが浮かび上がってくる。

地名を掌握することは、その地を支配すること

ところで、この「好字二字令」は、これだけが単独で出されたわけではない。和銅六（七一三）年に元明天皇が出した「風土記撰進の詔」は、『続日本紀』和銅六年五月甲子条に次のように記されている。

畿内と七道との諸国《くにぐに》の郡《こほり》・郷《さと》の名は、好《よ》き字を着《つ》けしむ。その郡の内に生《な》れる、銀《しろかね》・銅《あかがね》・彩色《さいしき》・草・木・禽《とり》・獣《けだもの》・魚《うを》・虫等の物は、具《つぶさ》に色目《しきもく》を録《しる》し、土地の沃塉《よくせき》、山川《さんせん》原野の名号の所由《しよいう》、また、古老の相伝《あひつた》ふる旧聞・異事は、史籍に載《しる》して言上《ごんじやう》せしむ。

——畿内と七道との諸国の郡・郷の名は、好字をつけさせた。その郡内で生じる銀・銅・彩

色（絵具の原料となる鉱物）・草・木・鳥・獣・魚・虫などの物は詳細にその品目を記載し、土地の肥沃の程度、山川原野の名の由来、また古老の言い伝える伝説や珍しい事は史籍に載せて申し述べさせた。

じつは、『風土記』という名称は後年に便宜的につけられたもので、このとき中央政府が各令制国の役所に提出を求めたのは、「解《げ》」と呼ばれる公文書だった。各国に命じられているものを改めて整理すると、①好字による郡郷名、②特産品、③土地の肥沃の程度、④山川原野の名の由来、⑤古老の言い伝える旧聞異事、の五項目である。

大宝元（七〇一）年に『大宝律令』を完成させ、その翌年に中国の皇帝に対して「日本国」という独自の国号を名乗り、和銅五（七一二）年には最初の史書である『古事記』を成立させた、日本列島初の古代律令国家が、今度は支配下に置いた地方の各国に対して、こうした情報を求めた。その意図はいったいどこにあったのか。

もちろん、律令制度の基盤となるのは「租庸調」の税体制であり、「租」では田の収穫量に応じて稲を、「庸」では歳役の代納物として布・米・塩などを、「調」では諸国の産物（絹・綿・海産物など）を納めさせたから、「特産品」と「土地の肥沃の程度」を調査・把握しておくことは、政府の財源を確保する意味で欠かせない。「郡郷名」も、土地台帳や戸籍を整備するうえで必要なデータだし、それが整然と二字で表記されればネットワーク化された官僚組織にとっては便利で都合がよかっただろう。

だが、『古代文学講座10　古事記　日本書紀　風土記』（勉誠社、一九九五年）編者の三浦佑之氏は、そうした政治的実務とは別の、神話的側面を指摘する。三浦氏は同書で、「国家が地名を所有することは、その土地を所有することになる」といい、統一された好字によって地名を掌握することによって、それぞれの地方の土地は律令国家の統治する国土だと確かに秩序づけようとした、としている。また、山川原野の名の由来、古老の言い伝える旧聞異事は、「在地の〈神話〉を手に入れること」であり、それはすなわち、「地方の共同体に固有な幻想を奪い取ること」、さらに言えば、「それによって解体した共同体から土地と民を国家の内部に組み込むこと」を意味していた、と論じている。

つまり、郡・郷の地名に好字を用いよ、という命令は、全国を一元的に支配しようとする国家による究極の行政地名化だったのである。それは、明治時代の地名改称以上に大きな力の行使であり、地名にとっては途轍《とてつ》もなくエポックメイキングな出来事であった。

柳田國男は『地名の研究』の中で、「吾々の祖先は、夙《はや》くから好字を用いよ嘉名《かめい》を附けよという勅令を遵奉《じゅんぽう》して、二字繋《つな》がった漢字、仮名で数えても三音節、ないし五六音節までの地名を附けねばならなかった。そのために元来はさほど下手《へた》でなくても、いかにも痒《かゆ》い所に手の届かぬというような、多少謎《なぞ》に近い地名の附け方をするようになったのかも知れない。（中略）日本の地名の意味が分りにくいのは、一つは法令の結果だろうと思う」と書いている。こうして古代律令国家が引いた線という視点で見てくると、まさにそのとおりだと痛感する。

第四章　文字化された地名の謎

言葉遊びの地名起源譚

「日本国」が誕生するはるか前から声のみで伝えられてきた地名に文字が与えられ、さらにその文字遣いが国家によって制御され、併せて地名の由来やその地で語り継がれてきた神話・伝承までもが古代律令国家の権力のもとに秩序づけられていったとき、地名のみならず、人々の心のありようと直結する神様の世界も、明治期以上に変質したのは言うまでもなかろう。ヤマト王権が国家建設に邁進していく中、絶対的な境界線が引かれたことで、日本の地名と神様の世界は大きく位相を転じたのである。

だが、それほどまでして朝廷側が欲した各地の地名伝説は、拍子抜けするほど他愛ないものが多い。『播磨国風土記』からいくつか拾って現代文（拙訳）で紹介しよう。

•佐々《ささ》の村——品太《ほむだ》の天皇（応神天皇）が巡行なさったときに、猿が「竹葉《ささば》」（笹の葉）をくわえているのに遭遇した。だから「佐々（ささ）」の村という。（揖保《いいぼ》郡）

•阿豆《あつ》の村——伊和《いわ》の大神（この地方の国作りの神）が巡行なさったとき、「わが胸の中が熱

い」とおっしゃって、衣の紐を引きちぎられた。だから「阿豆（あつ）」と名づけた。（同）
•金箭川《かなやがわ》――品太の天皇（応神天皇）が巡行なさったときに、御狩用《みかり》の金箭（金属製の矢じりがついた矢）をこの川に落とした。だから「金箭（かなや）」と名づけた。（同）
•伊加麻川《いかまがわ》――大神が国を占有されたときに、烏賊《いか》がこの川にいた。だから「烏賊間川（いかま川）」という。（宍禾郡《しさわ》）
•雲箇《うるか》の里――大神の妻、許乃波奈佐久夜比売《このはなさくやひめ》は、お顔立ちが端正でうるわしかった。だから「宇留加（うるか）」という。（同）

笹をくわえた猿がいたから「佐々（ささ）」という地名になったとか、海に棲むイカが川にいるはずなどないのに、イカがいたから「伊加麻（いかま）」と呼ぶとか、その地の共同体にとって切実な意味を有していた地名起源譚とはおよそ思えない、ダジャレのような地名伝承である。あるいはひょっとしたら、話の背後に、直観的にはわからない象徴的な隠喩が隠されているのかもしれない。だが、それにしても、「神話」というより「日本昔話」のごとき雰囲気で、人々が普段着で語り継いできた民間伝承の俗っぽさが漂っている。

ほかにも、讃容《さよ》郡にある筌戸《うえど》という地名の由来は、「大神が出雲国からおいでになったときに、嶋村の岡を腰かけにしてどっかと座り、筌《うえ》（竹でつくられた漁具）を川に置かれた。だから、筌戸（うえど）と呼ばれるようになった」とあり、日本各地に伝わるダイダラボッチ伝説を思わせる。さらにご丁寧なことに、「ところが、その筌には魚が入らずに鹿が入った。大神はこれを鱠《なます》にし、召し上がったところ、口に入らずに地面に落ちてしまった。それで、〈気分を損ねたのか〉ここを去ってよそにお移りになった」という、話の意図がなんとも判然としないオチまでついている。

それぞれの令制国が律令国家に提出した「解《げ》」は国ごとに違いがあるから、むろん一括りに語ることはできない。現在、いちおうまとまった形で写本が伝存しているのは、「出雲国」「播磨国」「常陸国」「肥前国」「豊後国」の五カ国のみ（それ以外にも、後世の書物に引用されたことで逸文として残っているものはある）だが、その中で、たとえば『出雲国風土記』意宇《おう》郡冒頭には、記紀神話とは別系統の「国引き神話」が収められている。

出雲国は初め小さくつくられたが、八束水臣津野命《やつかみづおみつののみこと》が遠く新羅や越《こし》の国から「国の余り」を「国来《こ》、国来《こ》（土地よ来い、土地よ来い）」と言いながら引いてきて、それらを縫い合わせて大きくし、今の国をこしらえた――『古事記』や『日本書紀』には載っていないこんな出雲独自の詞章は、まさに朝廷が手に入れたかった「在地の〈神話〉」（前出、三浦佑之氏）だったに違いない。

しかし、この神話とて、じつは、「意宇」という地名の由来を説明する起源譚として語られているもので、話の最後は、こうして国づくりを成し遂げた始祖神が「やっと国引きが終わった」とおっしゃって、杜《もり》に杖を突き立て「意恵《おゑ》」（完成の喜びを示す感動詞）と声をもらされた。だからこの地を「意宇《おう》」と呼ぶ、と締めくくられている。現代の感覚からすると、オチとして語られる地名由来そのものは、そこまで朗々と綴られてきた神話の壮大さとは裏腹のあっけなさである。どうにも、こじつけとしか思えない。

故事にこじつけるマコト

もっとも、『風土記』と総称されるようになった各国の「解」にしろ、『古事記』や『日本書紀』にしろ、八世紀初頭に成立した古文献は、現代の私たちからしたら十二分に大昔の史料ではあるのだが、考えてみると、人が大地に名前をつけて呼ぶようになったのは、それらが編纂された時点から眺めてみても、ずっとずっと過去のことなのだ。最近の研究では、日本列島において縄文時代は一万年以上も続いたといわれている。そうなると、古い地名の中には、何千年にも及ぶ歴史をもつものがあっても不思議ではない。

もともとは生活上の必要にもとづいてできたものだから、地名が発生した当初は、その地名はほかと区別しうるだけの特徴を備えていて、共同体の人々の誰もがすぐ、「あそこ」のことだとわかる名称だったはずだ。命名の動機も、その意味するところも、多くの人々に共有された了解事項だったに違いない。しかし、そうした記憶は歳月が経つにつれて風化していき、どうしてその名で呼ばれるのかは、いつしか霧に包まれてぼやけていく。

それゆえ、柳田國男は、「我々の地名は（中略）使用者の子孫自らがなお解釈を難《かた》しとするものいたって多く、これを不可解として放置するを得なかったために、和銅・養老の『風土記』の昔から、力《つと》めて幽怪なる小説をもってこれを説明せんとする風があり、しかもその類の古い地名の多くは、千余年間引き続いて今も行われているのである」（『地名の研究』）としている。『風土記』や「記紀」が編纂された時代ですら、すでに起源や意味がわからなくなっていた地名がたくさんあったのである。

だいたい地名の本当の意味や由来がわかっている時代には、伝説など必要ない。由来がわからなくなっていたからこそ、人々は神宿る大地の名前にふさわしい伝説を欲したのだ。神や貴人、英雄がかかわって命名されたとする地名起源譚が『風土記』や「記紀」に数多く採録されているのは、古代びとがそれだけ切実に、おらが村の由緒として神や貴人とのゆかりを求めていた証左であろう。

それも、風土記撰進の詔で「山川原野の名号の所由」の記載を求められたから、「古老の相伝ふる旧聞・異事」に事寄せてゼロから地名起源譚を創作したわけでも、ことさらに「幽怪なる小説」を考えて言い立てたわけでもあるまい。「昔々、あるところに」と語られる昔話は、いつとも知れない昔の、どことも知れない（言い換えれば、どこでもない）ところを舞台にした話だが、こと伝説は、本当にあった出来事として、特定の時代と特定の場所をもって具体的な事柄が語られる。「……の時代にこの村でこんなことがありました」——人々が言い伝えてきた古事《ふること》（故事）は、つねづね地名とともに語られるものであった。

思えば、「こじつける」という語は、漢字では「故事付ける」と書き、昔から伝わる「謂われ」や「物語」に都合よく関連付けることを指す。そうした故事に関連付けて説明された地名伝説を、柳田は「幽怪なる小説」と称した。たしかに、故事付けられた地名由来の説は怪しげなものがほとんどだ。しかし、そもそも古代びとは学術的な意味での地名の謂われを求めていたわけではあるまい。それよりも、彼らにとって大事だったのは、「こんなことがありました」という故事のほうだったのではあるまいか。とするなら、当時それぞれの地で語られていた地名伝承は、地名の命名の由来を説くものというよりは、むしろ、いにしえの神々や王、英雄たちのその地での言挙げや事蹟の記憶をつなぎ止めるものとして機能していた、といえるのではなかろうか。

文字で記されるようになる以前から、その地でずっと語り継がれてきた「くに」の神話の舞台となった地名が、その地に固有のものとして確かに存在していること。まさにそれが、故事を「まこと＝マ（真）＋コト（事・言）」（大野晋《おおのすすむ》編『古典基礎語辞典』角川学芸出版、二〇一一年）、すなわち本当のことと実感する拠りどころとなっていたのではないか。おそらく古代びとにとって地名とは、そこに在り続けることによって神話の信憑性を保証するなによりの証《あかし》だったのだ。

だからこそ、中央政府は地方の諸国から「山川原野の名号の所由」と「古老の相伝ふる旧聞・異事」を求めた。地名起源譚を「解」として朝廷に提出することは、自分たちを育んできた故郷の国魂を差し出すことに等しい。それゆえに、それは地方にとっても中央にとっても、たいそう重たい意味があったわけである。

絡み合う空言と真事

とはいうものの、古代びとの信じていた「まこと（真事・真言）」をただちに「事実」と認定できるはずもなく、現代人の目には、古文献に記された地名起源譚は根拠脆弱なこじつけにしか見えない。それでも、そこには少なくとも彼らの「まこと」があったことは現代人にも理解できる。ただ、悲しいかな、彼らが信じていた、あるいは信じようとした「まこと」とは結局なんだったのか、肝心なそこのところが、現代の私たちにはなかなかわからないのである。繰り返しになるが、カタカナもひらがなも生まれておらず、声で語り継いできたことを記述するには漢字に頼るほかなかった、いまだ〝日本語開発プロジェクト〟の途上にあった時代の話である。文字化された地名表記は、漢字の字義を踏まえて地名のもともとの意味を伝えているのか、それとも単なる当て字なのか、記載されている地名起源譚は故事にこじつけた牽強付会《けんきょうふかい》か、あるいはなんらかの史実を反映したものなのか――古代においてすら、茫漠としていた地名の由来と意味にまつわるさまざまな謎を、千何百年も隔てた現代において解きほぐしていくのは容易なことではないのだ。

『出雲国風土記』の大原郡神原郷《かむはら》の条に、こんな話が載っている。

古老《ふるおきな》伝へて云《い》ひしく、天の下造らしし大神《おほかみ》の御財《みたから》積み置き給ひし処《ところ》にして、すなはち神財《かむたから》の郷《さと》と謂《い》ふべきを、今の人猶《な》ほ誤りて神原《かむはら》の郷と云へるのみ。

――土地の古老が伝えて言うことには、この神原の地は国づくりをなさった大神が神宝を積んで置かれたところである。それゆえ、本来なら「神財（かむたから）」の郷《さと》と言うべきところなのだが、今の人は誤って「神原（かむはら）」の郷と呼んでいる。

ここでは、言い伝えられている伝承こそ「まこと」だと主張して、「神原」と書いて「かむはら」と呼ぶのは誤りだと言い切っている。しかし、いかにも格別な由緒を求める願望から生まれた権威づけといった感のあるエピソードだけに、この伝説は、当てにならない空言《そらごと》の地名由来譚の一つだろうと長らく思われてきた。

ところが、昭和四十七（一九七二）年、この「神原」の地名が伝存する（ただし、読みは「かんばら」に転訛）島根県大原郡加茂町《かもまち》（現・雲南市加茂町）にある神原《かんばら》神社で、近くを流れる河川の堤防修繕に伴って調査が行われた。すると、その社地から竪穴式石室をもつ四世紀中頃の方墳が発見され、さらにそこから実際に、景初三（二三九）年の銘が刻まれた三角縁神獣鏡《さんかくぶちしんじゅうきょう》が掘り出されたのだ。ほかにも剣や鎌といった鉄製品や、赤色顔料の付着した土器などが数多く出土し、研究者たちを驚かせることとなった。

おまけに、この景初三年というのは、邪馬台国の女王、卑弥呼が魏の明帝のもとに使者を派遣し、明帝から銅鏡一〇〇枚を下賜されたと「魏志倭人伝」に記載されている年だったため、神原で出土した鏡はその中の一枚ではないかとする仮説まで飛び出した。

さすがにそこまでは言えないようだが、その真偽はどうあれ、この地はまさに「神の財宝」を意味する「神財（かむたから）」と呼ぶべき地だったことは間違いなく、いにしえの古老の語っていた内容は正しかったことが思いがけず裏づけられたのだった。「幽怪なる小説」の中には、こんなふうに事実の欠片が紛れ込んでいることもある（付録14参照）。

不思議な箸墓伝説

邪馬台国といえば、近年、邪馬台国畿内説を唱える研究者の間では、奈良県桜井市の北部に位置する纏向《まきむく》遺跡が邪馬台国の最有力候補地とされているが、その中でもとりわけ桜井市箸中《はしなか》にある箸墓《はしはか》古墳は、卑弥呼の墓ではないかと注目を集めている。樹木の年輪年代学や放射性炭素年代測定などの成果により、以前は三世紀末から四世紀初頭と考えられていたその築造年代が、三世紀中頃から後半と考えられるようになって、「魏志倭人伝」の伝える卑弥呼の没年（二四七年頃）に重なってきたことから、その可能性が取り沙汰されるようになったのだ。

この箸墓古墳の「箸墓」という名に関しても、奇妙な地名起源譚が伝えられている。『日本書紀』崇神天皇十年九月の条の記述である。

則《すなは》ち箸に陰《ほと》を撞《つ》きて薨《かむさ》りましぬ。乃《すなは》ち大市《おほち》に葬《はぶ》りまつる。故《かれ》、時人《ときのひと》、其の墓を号《なづ》けて、箸《はしの》墓《みはか》と謂《い》ふ。

――（倭迹迹日百襲姫命《やまととととひももそひめのみこと》は）陰部を箸で突いて死んでしまわれた。それで大市に葬った。当時の人々はその墓を名づけて箸墓と呼ぶようになった。

この逸話の主人公ヤマトトトヒモモソヒメは、第七代孝霊天皇の皇女。第十代崇神天皇が神浅《かむあさ》茅原《じがはら》で八《や》十万《そよろづ》の神々を集めて占ったとき、神憑りして「オホモノヌシ（大物主神《おほものぬしのかみ》）を敬い祀れば国が治まるであろう」と天皇に告げた巫女的な女性として「記紀」に登場する。

ヤマトトトヒモモソヒメはのちに、このオホモノヌシの神の妻となるのだが、オホモノヌシは夜にばかり通ってきて姫に姿を見せようとしない。そこで「どうかお姿をお見せください」と姫が頼むと、オホモノヌシは「では明日の朝、あなたの櫛笥《くしげ》（櫛の箱）に入っていよう。ただし、私の姿に驚かないように」と告げる。姫はいぶかしく思いながらも、夜明けを待って櫛笥を見ると、そこにはなんと「美麗《うるわ》しき小蛇《こをろち》」の姿があった。姫が驚いて叫ぶと、オホモノヌシはたちまち人の姿に戻り、「よくも私に恥をかかせたな」と言って、鎮座する三輪山《みわやま》に飛び帰ってしまった。それを仰ぎ見て、姫は悔いてがっくりと座り込み、そのはずみで陰部を箸で突いて死んでしまった。そこから、人々はその墓を「箸の墓」と呼ぶようになった、という話である。

宮内庁はこの記紀伝承に従って、箸墓古墳を「倭迹迹日百襲姫命の大市墓《おおいちのはか》」として陵墓指定して管理している。ただ、この伝承が仮に過去のなんらかの出来事を反映しているとしても、地名由来としては額面どおりに受け取りがたい。だいたい自殺にせよ、事故にせよ、箸で突いて死ぬとはいささか牽強付会が過ぎるだろう。

姫の死因ともなった、女性が「ほと（陰部）」を突かれる話は、神話にはしばしば出てくるモチーフではある。しかし、三世紀に書かれた「魏志倭人伝」には、「倭人は手食する」とある。なにより箸が伝来したのは七世紀頃といわれており、箸墓古墳がつくられた頃には、倭人はまだ箸を使っていなかったと思われる。そうしたことを考えると、箸が原因で亡くなったことから「箸の墓」となり、音もハシノハカ→ハシナハカ→ハシナカと転訛して、現在の「箸中」という地名に至ったとするのは、そうとう無理がある。

じつを言うと、先の崇神天皇紀の記述はあれで終わりではなく、こう続く。

是《こ》の墓は、日《ひる》は人作り、夜は神作る。故《かれ》、大坂山《おほさかのやま》の石を運びて造る。則ち山より墓に至るまでに、人民《おほみたから》相踵《あひつ》ぎて、手逓伝《たごし》にして運ぶ。

箸墓古墳は全長約二八〇メートルという巨大なもので、日本列島で最初につくられた大型の前方後円墳とされる。実際に現地で箸墓古墳を前にすると、神の力を借りてつくったという伝説が生まれたのも、もっともだと思わせる存在感がある。おまけに「大坂山から墓に至るまで、人民が列をつくって手から手へ渡して運んだ」というのだから、それを可能にした政治的権力は絶大なものであったに違いない。と同時に、これほどの巨大陵墓を築造しえた土木技術の高さにも思いをめぐらさずにはいられない。

古代、すぐれた専門技術を有して陵墓造営をつかさどっていたのは、「土師《はじ》氏」という氏族であった。古代歌謡を専門とした国文学者、土橋寛氏はそこに着目し、「箸（はし）」は「土師（はじ）」に由来するという説を唱えている（「箸墓物語について」／『古代学研究』通巻七十二、一九七四年）。また地名研究家の池田末則氏も、「箸は『土師』の義か」として、「山城国山城町、大塚山古墳群集地に吐師《はぜ》の地名がみえ、河内国応神陵を中心として、古市《ふるいち》・誉田《こんだ》古墳群を本拠とする土師氏がある（『和名抄』土師郷）。また、和泉国、仁徳陵を中心とする百舌鳥《もず》古墳群集地にも有力な土師が存在し、今なお『土師』の地名を伝えている」と、その説を補強するデータを挙げている（『奈良の地名由来辞典』東京堂出版、二〇〇八年）。

箸墓古墳北側に築かれた大池の岸辺から墳丘を眺めやると、水面にはこんもりとした樹林が映り、東側には美しい三輪山の姿が借景のように見える。神話的な静謐さを感じさせるそんな風景を目にしていると、古代びとが三輪山と古墳を関連づけて、ヤマトトトヒモモソヒメとオホモノヌシの神婚譚の幻想を抱いたのも、さもありなんと思えてくる。が、その分よけいに、箸墓伝説は地名起源譚としてはどうしても故事付けの印象が強く、現代人の感覚としては、やはり「土師の墓」のほうに「まこと」を感じてしまう（付録15参照）。

はてさて、古代びとが思い描いた「まこと」とは、本当のところはいかなるものだったのか。いつともなく人々が語り始めた伝説の奥には、いったいどんな史実の核が隠されているのだろうか。箸墓古墳の名前の由来とともに、実際の被葬者は誰かという謎も、いまだ解明はできていない。邪馬台国論争の行方をも左右しそうな今後の研究の進展が待たれるところだ。

当てにならない地名の漢字

箸墓伝説に関連しては、じつはもう一つ気になる記述がある。考古学者の樋口清之氏が、北九州で発掘された甕棺《かめかん》の中に、下腹部に何本もの矢を射込まれて死んだ女性が埋葬されていた例があったことを紹介し、霊能力の衰えたシャーマンがそうした殺され方をしたのではないか、と書いているのだ（『うめぼし博士の逆《さかさ》・日本史〈神話の時代編〉』祥伝社、初出一九八八年）。そうであるなら、巫女だったヤマトトトヒモモソヒメの死の原因は、実際には「先の尖ったもの」によるもので、それがのちの語りの中で類似の形状の「箸」とされた可能性もないとは言い切れない。「箸」という文字だけで起源譚を否定するのは、漢字表記に引きずられすぎているかもしれ

ているとは限らない

」にも、用いられ

しい。たしかに、

「歩くのは危険」と言いたい気持ちにもなる。しかし、初めからこの漢字が当てられたわけではなく、古くは「オオボケ」には「大嶂」や「大歩怪」の字が当てられていた。そのため、この地名は崖を意味する古語「ホキ」「ホケ」に由来するという説が有力だ。あとから当てられた漢字の意味に引っ張られて解釈すると、それこそ足をとられて危険なのである。

声のみで伝えられてきた地名に文字が与えられると、書き取られた表記はその文字自体がもつ力によっていつしか独り歩きを始める。なにしろ漢字は表意文字。単なる音として用いただけでも、意味の気配を完全にぬぐい去ることはできない。文字から意味が匂い立ち、人にその字義にもとづいた地名の意味と由来を夢想させてしまうのだ。

しかも、言葉は生き物だ。時代の風を受け、時代とともに変わっていく。たとえば、「真面目（まじめ）」という語句は、本来は「シンメンモク」と読み、「そのままのありさま。本来のすがた」を表す漢語だった。それが江戸時代頃から、本気であること、誠実であることを意味する「まじめ」という言葉の当て字として使われるようになった。「まじろぐ（まばたきをする）」の「まじ」＋「め（目）」で、目をしばたたく真剣な顔つきを意味して本気のさまを表したらしい。

その表記と読みは現代においてはすっかり市民権を得て、平成二十二（二〇一〇）年改訂の常用漢字表では付表に追加されるまでになった。と思っていたら、近年では「まじめ」を「まじ」と略す言い方が流行。その表記は「真面目」の「真面」ではなく、「本気」とか「真剣」という字を当てる用例が目立っている。

こうした変化に「日本語が乱れている」と眉をひそめる人も少なくないが、しかし、どこかに超然と「正しい日本語」なるものが存在しているわけではない。国家機関の文部科学省や文化庁あたりがいくら取り締まったところで、国家が私たちの使う言葉を管理することなどできやしない。言葉は、社会において要求されるコミュニケーションの機能やあり方などを反映して、日々新陳代謝を繰り返して生々流転しているのだ。

言葉の中でも特別な存在の固有名詞とはいえ、地名も言葉である以上、こうした変化を免れることはできない。好字二字化という律令国家の国策の圧力で変形させられつつも、アスファルトの隙間から成長していく雑草のようにお上がコントロールできない自由さで、さまざまな偶然をはらんで地名の文字表記や読み方は転変していった。

「日光」になった「二荒」

中にはダイナミックに姿を変えて、現在に伝えられた地名が原形の面影を失っている例も少なくない。「日光」（栃木県）はその好例だ。

今、日光といったら日光東照宮を真っ先に思い浮かべる人がほとんどだろう。しかし、東照宮は江戸幕府初代将軍徳川家康を神として祀る神社で、もともと日光山信仰の始まりとなった古社は、その隣に鎮座する二荒山《ふたらさん》神社のほうである。およそ一二五〇年前、勝道《しょうどう》上人が二荒山（男体《なんたい》山）をご神体として祀ったのが始まりとされる。じつは、この「二荒（ふたら）」が「日光（にっこう）」の起源なのだ。「二荒」は、訓読では「ふたら」だが、音読すると「ニコウ」と読める。そこで、それに「日光」の字を当てたのである。

さらに一説には、二荒山の「ふたら」は、観音菩薩が住む山とされる「補陀落（フダラク）」が訛ったものともいわれている。この「フダラク」自体も、サンスクリット語の「ポタラカ」の音訳だから、そうなると、「日光」という地名の下には、「ポタラカ」→「補陀落（フダラク）」→「二荒（ふたら）」→「二荒（ニコウ）」→「日光（ニッコウ）」という名前が層をなしていることになる。

なお、「日光」の字を当てたのは、のちにこの地を訪れた弘法大師空海という説もあり、芭蕉は『おくのほそ道』に、「その昔はこの御山を『二荒山《ふたらさん》』と書いたが、空海大師が開基したとき、『日光』とお改めになった。千年後の未来を推し量ってのことだったろうか」と記している。そして元禄二（一六八九）年の陰暦卯月朔日《うづきついたち》、かの地で詠んだのが有名な次の一句だ。

あらたう（ふ）と青葉若葉の日の光

青葉若葉に照り映える日の光と、日光山東照宮のご威光。ああなんと尊いことだろう——そう吟じるこの名句によって、「日光」はさらに「日の光＝ニッコウ」というイメージで補強され、もとの「ふたら」の影はますます薄くなった感がある。

兵庫県の「六甲《ろっこう》」も、当て字と音読化によってまったく別ものに転じてしまった地名である。六甲の山並みと大阪湾に挟まれて東西に細長く伸びる港町神戸。六甲山はそのきらめく夜景が望める日本有数の夜景スポットとして知られるが、この地方は古くから開けて「むこ」と呼ばれており、表記上は「武庫」「務古」などと書かれていた。『日本書紀』神功皇后摂政元年二月の条には「務古水門《むこのみなと》」の記載が見え、『万葉集』にも「武庫浦《むこのうら》」「六児乃泊《むこのとまり》」「武庫能宇美《むこのうみ》」などと詠まれている。近世あたりから「六甲」の字が当てられ、やがて「ロッコウ」と音読されるようになった。ちなみに、六甲山の中腹に位置する六甲山神社は、現在も「むこやまじんじゃ」と呼ばれ、一方、「武庫」の文字は、兵庫県南東部を流れる「武庫川」や兵庫県尼崎市の「武庫之荘《のそう》」に残っている。

同類の例として、北アルプスの「白馬岳」も紹介しておこう。正式名称としては「しろうまだけ」と読むのだが、「ハクバダケ」と読んでいた方も多いのではなかろうか。じつはこの山、昔は「西岳」とか「西山」と呼ばれていたが、苗代づくりを始める頃になると、ちょうど雪が融けて黒い岩肌が露出するようになり、その形が馬のように見えることから、「代掻き馬」に見立てて「代馬岳（しろうま岳）」と呼ばれるようになったという。それが、いつの間にか「白馬」と書かれるようになったのである。黒い岩肌に現れた黒い馬だったのに、正反対の「白馬」になってしまったわけだ。

「白馬」は「代馬」の当て字だから、正式な読みは現在でも「しろうま」とされているのだが、明治期以降は「ハクバ」と呼ばれることが多くなったようで、昭和三十一（一九五六）年に二村合併して発足した村は「白馬村（ハクバ村）」、また、旧国鉄大糸線の「信濃四ツ谷駅」も昭和四十三（一九六八）年に「白馬駅（ハクバ駅）」と改称された。今では、「白馬」を冠するスキー場も、山小屋も、白馬村振興公社によって運営されている「白馬岳頂上宿舎」までもが「ハクバ」と読んでおり、「白馬岳＝しろうま岳」はもはや風前の灯である。

「一口」「芋洗坂」「妹峠」の共通項

漢字が音訓で読み替えられて本来の地名とは異なる呼称になったり、新たに別の漢字が当てられたり、文字化された地名は、時代の移り変わりの中で思わぬ姿に変化を遂げていく。序章にも記したように、そもそも私が〝日本語の名づけの森〟に分け入ったのは、昨今なにかと問題視されるキラキラネーム急増の謎を探るためだったが、難読ということにかけては地名のほうがよほど難しく、キラキラネームの比ではない。

もちろん、通常の音訓とはまったく異なる読み方をしているキラキラネームは、フリガナがないとどう読んだらいいのかわからない。しかし、意外に思われるかもしれないが、見慣れてくると、仮に「希空」ちゃんなら、「のぞむ」という意味から「希」を「の」と読み、「空」は「空く（あ－く）」の「あ」をとって、たぶん「のあ」ちゃんと読むのだろう、などと、用字の意図や読み方が次第に類推できるようになってくる。なんといっても、命名者は現代人。価値観や素養などにそれぞれ個人の差はあれど、誰もが同時代の言語環境や文化の中で暮らしているので、当たらずとも遠からずの推理が可能なのだ。

ところが、難読地名となると、その地に縁がある人でないと読めないだけでなく、読み方がわかったあとでも、どうしてそんな読み方をするのかはさっぱりわからないものが多い。地名というのは、生まれた時代もまちまちなら、地域によって歴史や文化、習俗も異なる。方言もある。なにを足がかりに解釈すればいいのか、簡単に当てはめて判断できる法則はなく、およそ一筋縄ではいかないのだ。漢字表記と読みからその地名本来の意味をたどるのは、まさしく暗号を解くような作業となる。

たとえば、京都府久世《くせ》郡久御山町《くみやまちょう》に「一口」という地名がある。初見では「ひとくち」としか読めないが、「いもあらい」と読む。かつての巨椋池《おぐら》（干拓され、現在は水田地帯となっている）の西岸あたりにあった地名で、現在でも「東一口」「西一口」にその名を残している。難読地名というと必ずといってよいほど紹介される、最も有名な難読地名の一つである。しかし、どうして「一口」で「いもあらい」になるのかは、諸説あっていまだ定説はない。

読み方については、このあたりにはかつて大小無数の島洲があり、それが「芋を洗う」ような景観だったことから「芋洗（いもあらい）」と呼ばれるようになったとか、この地で「忌み祓い」をしたことから「いみはらい」が訛ったものだとか、古語で「イモ」とは疱瘡《ほうそう》（天然痘）のことをいうから、「イモ祓い」で疱瘡を治す意味だとか、諸説紛々だ。

また用字についても、集落の三方が巨椋池に囲まれ、出入口は一方（一口）のみだったことから「一口」と書かれたとする地形説のほかに、豊臣秀吉が宴で宇治川に流した和歌短冊がこの地まで流れ着くと、大鯉が現れて一口に飲み込んでしまったという伝承や、弘法大師伝承に求めるものもある。こんな状態では、「一口」という文字と「いもあらい」という読みの関係は、謎のまま解消されずに残らざるをえない。

しかし、「一口」と書いて「いもあらい」と読む坂が、東京都千代田区神田淡路町二丁目から神田駿河台四丁目にかけて存在する。御茶ノ水駅の近く、JR中央線に沿って東から西に上る坂道で、現在は「淡路坂」の標識が立っているが、そこには「この坂には、相生坂、大坂、一口坂などの別名もあります。坂上に太田姫稲荷、道をはさんで鈴木淡路守の屋敷があり、これが町名・坂名の由来といわれます。一口坂は、太田姫稲荷が一口稲荷と称したためです」と書かれている。標識にはルビはついていないが、この「一口坂」が「いもあらいざか」である。

文中に示された「太田姫稲荷」の正式名は「太田姫稲荷神社」という。その社伝によれば、室町時代中期に太田道灌の娘が疱瘡に罹って生死の境をさまよったとき、「山城の国一口の里に病に霊験あらたかな一口神あり。この神を信仰し平癒を祈れば守護のご利益がある」と聞いて、ただちに京に使者を立てて祈禱してもらったところ、娘の天然痘が治癒したという。道灌はこのことに感謝し、長禄元（一四五七）年に一口稲荷神社を勧請して旧江戸城内に稲荷神社を築いたとされる。この社がのちに「淡路坂」に遷座され、「一口坂」の由来となったのである。その後、昭和六（一九三一）年に御茶ノ水駅の総武線拡張に伴い、現在地の神田駿河台下に遷座されているが、いずれにせよ、神田淡路町の「一口坂（いもあらい坂）」は、まさしく疱瘡を意味する

「イモ」由来の地名だったわけだ。

ところで、この社伝には、「山城の国一口の里」の一口神とは「豊吉いなり」のことだと記されている。目を転じて比定地の京都府久世郡久御山町東一口を見てみると、そこには現在も豊吉《ほうよし》稲荷神社が建っている。東京の太田姫稲荷神社の社伝からいって、この稲荷が室町時代には疱瘡平癒の神社として信仰を集めていたことは間違いない。残念ながら同社の側にその縁起や沿革を記す史料が伝存しておらず、創建当時の由緒は不明である。裏づけがとれないため、これだけで断定することはできないが、太田姫稲荷神社の本社が鎮座する京都の「一口」のほうも、疱瘡由来と考えるのが最も有力な説だとは言えるだろう。

そもそも疱瘡は、安政五（一八五八）年に東京・神田のお玉ヶ池に種痘所（天然痘の予防接種施設）が設置されるまでは、コレラ（コロリ）、麻疹《はしか》とともに最も恐れられた疫病だったから、人々は疱瘡を流行らせる悪神として疱瘡神を恐れ、その一方で、邪霊を祓って退治してくれる神も疱瘡神として信じていた。そこで昔は、疱瘡神のお札を門口や家に貼ったり、村に入り込まないよう村の入り口や峠で疱瘡神を祀ったりして、病魔退散を祈った。

そのため、「疱瘡祓い」を意味する「いもあらい」という名称は、昔は各地にあったといわれ、東京には、先の神田淡路町の「一口坂」のほか、港区六本木の「芋洗坂」、そして千代田区九段北三丁目と四丁目の境界にある「一口坂」（ただし、この坂は、もとは「いもあらいざか」だったが、明治以降は「ひとくちざか」と呼ばれている）がある。

奈良県でも、橿原《かしはら》神宮の真東、国道一六九号線（旧・下ツ道）に面して、「いもあらい地蔵尊」の石標が立っており、小さな祠に芋洗地蔵が祀られている。芋洗い川で洗濯をしていた妹《いも》の白い脛《すね》を見た久米仙人が、飛行の神通力を失ってここに落下したというユーモラスな伝説が残っているが、それも深読みすれば、疱瘡の「イモ」と、女性を表す「妹（いも）」を掛けて、疱瘡神の力が久米仙人の神通力を失わせたというふうにも読める。そういえば、高市郡明日香村の稲《いな》淵《ぶち》・栢森《かやのもり》から吉野川畔に至る峠は「芋ヶ峠」といい、前出の池田末則編『奈良の地名由来辞典』では「妹峠」ともされており、やはり疫病の侵入を拒否した峠に由来する地名であろう、と記されている。

「一口」「芋」「妹」とまったく異なる漢字を当てられていても、声に出して読んでみれば「いもあらい」と「いも」。これらの地名は、根っこのところで疱瘡の古語である「イモ」でつながっているのである（付録16参照）。

判じ物の地名

漢字だけでやまとことばを書いていた古代、音を表す万葉仮名には、借音（音仮名）や借訓（訓仮名）だけでなく、戯訓《ぎくん》（戯書）といわれる用字があった。わが国最古の歌集『万葉集』では、「十六」と書いて「四×四＝しし」、「八十一」と書いて「九×九＝くく」と読ませるなど、遊び心を感じさせる文字遣いをしている歌が見られる。中には、「山上復有山」（山の上にもう一つ山）で「出」、すなわち「いで」と読ませる判じ物のような用字まである。

地名でも、同様の暗号めいたものが各地に残されている。たとえば、「二十六木」（秋田県由利本荘市）、二十の意である廿を用いた「廿六木」（山形県東田川郡庄内町、新潟県燕市）は、「とどろき」と読む。そのココロは、「二十六木」を分解すると「十十六木」となり、「十（トオ）＋十（トオ）＋六（ロク）＋木（キ）」で「トドロキ」に行き着く。「等々力」「轟」などと書かれる「とどろき」地名は各地に存在するが、そもそも、この地名からして、川の激流や滝の音のトドロキに由来するといわれている。「百々（どうどう、どうど）」も、水流の音に関係する地名だ。愛知県岡崎市百々町《どうどちょう》や同県愛知郡東郷町諸輪《もろわ》百々《どうどう》などに見える。

徳島県阿南市の「十八女町」は、「さかり町《ちょう》」と読む。「十八女」を「じゅうはちおんな」と読むのは生々しいし、語呂も悪い。しかし、だからといって「さかり」とは……。そんな部外者の困惑をよそに、この地名は地元では愛されているようで、徳島県が平成十三（二〇〇一）年度から十五年度にかけて開設していた「探そう！　とくしまのたからもの」というサイトには、県民の「たからもの」の一つとして「十八女町」が掲載されていた。

それによると、この地名は昔、この地に一八歳のお姫様を守護した侍大将が落ち延びたことに由来するらしい。その侍は平家の落武者だったというから、平家の落人伝説の一種のようだ。もっとも、この由来は後付けのこじつけのようで、通説では「サカリ」は「サガリ」、すなわち地面が下がっていく傾斜地の意味と考えられている。そうした地名の音に「十八女」の字を当てたのは、酔狂者によるダジャレといったところか。諺に「鬼も十八、番茶も出花」というから、それをヒントに「サカリ」に「十八女」と当てたのかもしれない。

兵庫県宍粟《しそう》市一宮町《いちのみやちょう》の「百千家満（おちやま）」も、当て字がすぎて他所者には読めない地名だ。揖保《いぼ》川の上流域両岸に位置して、古くは「落山村」と称していたが、風水害による山崩れや落石などの天災に見舞われ、村の繁栄を願って「百千家満」に改めたと伝えられている。

ちなみに、「宍粟市」という市の名前も、全国有数の難読地名として有名だ。現在、同市山崎町に「鹿沢（しかさわ）」という地名があるが、古くはこの地域全体を「鹿の沢」の意で「シシサワ」と呼んでおり、それが「シシサワ→シシアワ→シサワ→シソウ」と変化して、「シシアワ」に「宍禾」「宍粟」の漢字が当てられたのだという。「宍禾（しさわ）」は『播磨国風土記』で用いられている表記で、本章冒頭で紹介した同風土記の地名起源譚の中にも「宍禾郡」の地名が見える。

ことほどさように、難読地名は数え上げたらキリがなく、地名における漢字表記はさまざまな要因で変遷し、もともとの地名の由来や意味とは大きく異なっていることが多い。古代びとにとって「神宿る大地の名前」を意味していた地名を手繰り寄せ、文字で書き記すようになる以前の声に耳を澄ませて、地名の奥に秘匿されている日本人の心の古層にふれるのは、ほとほと難しいものである（付録17参照）。

第五章　声だけのコトバの記憶

万葉びとのコトバを〝聞く〟

前章では、日本語が「やまとことばの声の響き」と「漢字という文字」がせめぎ合う中で醸造されてきたという観点から、主に両者の相克に着目して地名を見てきたが、文字として定着させられた言葉の背後には、もとより声だけで伝えられてきたコトバがあった。それでは、音声でのみ存在していたわが国固有の「やまとことば」とは、いったいどういうものだったのか。漢字という文字に縛られる以前には、どのような言語世界がこの日本列島の上に展開されていたのだろうか。地名という言葉の奥底に密封保存された声の記憶をたどっていくためには、どうしてもそのことを確認しておかなければならない。そこで本章では、声しかなかった時代のコトバについて考えてみたい。

私たちがそのコトバを知る手がかりをまとまって得られるのは、詰まるところ、文字化されたものだけだ。ただ、第三章で述べたように、『古事記』『日本書紀』『風土記』『万葉集』といった最も古い文献群の文章は、自分たちのコトバを目に見える形に固定しようと異国の文字と悪戦苦闘している最中のものである。文字化に際して漢籍の字句や文章に影響を受けているのは改めて言うまでもないのだが、そんな中でも、漢字の音を借りてやまとことばを記した万葉仮名からは、音声として響いていた往時のコトバのありようをうかがうことができる。

とくに上代（奈良時代およびそれ以前）の万葉仮名の表記においては、現代日本語では同じ音で発音している音に対して二種類の書き分けがなされていることがわかっている。たとえば、「みやこ（都）」は万葉仮名では「美夜古」「弥夜故」などと書かれ、その「コ」の音には「古」「故」などが当てられている。一方、「こころ（心）」の表記は「許許呂」「己許侶」などとされ、こちらの「コ」は「許」「己」といった漢字で書かれている。ともに現代の発音では「コ」となるのに、両者の漢字は厳格に分けられているのだ。

「上代特殊仮名遣い」と呼ばれるこうした書き分けは、五十音図でいうイ段の「キ・ヒ・ミ」、エ段の「ケ・ヘ・メ」、オ段の「コ・ソ・ト・ノ・モ・ヨ・ロ」（ただし、モは『古事記』と『万葉集』の一部のみ）の一三音とその濁音「ギ・ビ・ゲ・ベ・ゴ・ゾ・ド」に見られる。そこから、奈良時代以前にはイ・エ・オの母音が二種類存在していたと解釈されている。この二種類の音はそれぞれ「甲類」「乙類」と名づけられ、先の「古」「故」はコ甲類、「許」「己」はコ乙類と区別されている。

上代特殊仮名遣いは平安時代になって急速にすたれて音の区別が失われてしまったため、実際の音韻については推測するしかなく、八母音説や六母音説など諸説あって定まっていない。しかし、上代の万葉仮名がこのように書き分けられている事実は、当時の人々がどうしても自分たちの声のとおりに読ませようと意識して文字選びをしていたことを示唆しており、その表記から彼らのコトバを〝聞く〟ことができるわけだ。

大和の畿内語と東国方言

こうした万葉仮名による表記は、『万葉集』をはじめ「記紀」の歌謡や訓註などに見られ、それらにより当時の語彙や文法などを知ることができる。繰り返しになるが、日本列島上で初めて漢字という異国の文字を導入し、これら古文献を編纂したのはヤマト王権の人々である。ということは、そこに記されている彼らの言葉、すなわち畿内語が、現代の私たちが知りうる最古のやまとことばと言っていいだろう。

もっとも、ヤマト王権によって「日本国」が建設され、国内がヤマトの言葉＝畿内語で統御された八世紀後半においても、国制下にあった全地域が等しく畿内語の圏内にあったというわけではなく、『万葉集』の東歌や防人歌には、東国の方言がずいぶん記録されている。もちろん、都で生まれた「やまと歌」という文化を摂取し、都の歌のスタイルに合わせて詠まれている以上、東国の人々が普段話していた日常語そのものとは言えないのだが、それでも、かなりの訛りや方言を見ることができる。

たとえば次の防人歌では、「韓衣」が「からころも」ではなく、万葉仮名で「可良己呂武」、つまり「からころむ」と訛った東国方言になっている。さらに「母」については、現代語の「はは(母)」につながる「はは(波〻)」という万葉仮名の歌が多くある中、ここでは「意母」と記され、朝鮮語の「オモニ」を連想させる「おも」という読みになっている。

韓衣《からころむ》　裾《すそ》に取り付き　泣く子らを　置きてそ来《き》ぬや　母《おも》なしにして
可良己呂武《からころむ》　須宗尓等里都伎《すそにとりつき》　奈苦古良乎《なくこらを》　意伎弖曾伎怒也《おきてそきぬや》　意母奈之尓志弖《おもなしにして》
（巻二十―四四〇一）

――衣の裾にすがりついて泣く子らを置いて来てしまったよ。その子の母親もいない状態で。

また『万葉集』では、「東《あづま》」に掛かる枕詞として「鶏《とり》が鳴く」（万葉仮名で「鶏之鳴」「鶏鳴」「等里我奈久」など）という語が使われている。この枕詞の起源を『萬葉集索引』（「新日本古典文学大系」岩波書店）の編者らは、「分かりにくい東国の言葉を鳥の鳴き声と見て」と説明している。一般に枕詞というと、特定の言葉を導き出すための単なる修飾語として扱われることが多いが、じつは地名に深く関係している起源があるとする見方がある（これについては次章で詳述）。ともあれ、現代の私たちの耳に、てんで意味がわからないチンプンカンプンの外国語が鳥の鳴き声と大差なく聞こえてしまうように、いにしえの都びとにとっても、聞き慣れない東国の言葉はまるで外国語のように響いていたのかもしれない。

そんな異郷の言葉のエキゾチズムに興味をそそられたのか、『万葉集』の最終編者と目される大伴家持は、越中国（現在の富山県）の国守として在任中、みずからの歌に当地の方言を採り入れてこううたっている。

あゆの風《かぜ》〈越《こし》の俗《くにひと》の語《ことば》に東《ひむがし》の風をあゆのかぜといふ〉いたく吹くらし　奈呉《なご》の海人《あま》の　釣《つり》する小舟《をぶね》　漕《こ》ぎ隠《かく》る見ゆ
東風《あゆのかぜ》　越俗語東風謂二之安由乃可是《あゆのかぜ》一也　伊多久布久良之《いたくふくらし》　奈呉乃安麻能《なごのあまの》　都利須流乎夫祢《つりするをぶね》　許《こ》芸可久流見由《ぎかくるみゆ》
（巻十七－四〇一七）
——あゆの風がひどく吹いているのだろう。奈呉の海人の釣りをする小舟が漕いで隠れようとしているのが見える。

家持は「東風」の部分に注釈を入れて「あゆのかぜ」と読ませているが、「東風」といえば、平安時代に菅原道真が詠んだ「東風《こち》吹かば　にほひを《（お）》こせよ　梅花《（むめのはな）》　主《あるじ》なしとて　春を忘るな」（『拾遺和歌集』）で知られるように、「こち」と読むのが一般的だ。春になって東風が吹いたなら、その風に託して香りを大宰府まで送り届けておくれ、梅の花よ——朝廷内での政争に敗れ、遠く大宰府に左遷されることになった道真が京の屋敷を離れる際にうたったこの歌からは、その切ない心情とともに、「こち（東風）」とは文字どおり東風のことで、春に吹く風をいうことが知れる。対して「あゆの風」は、じつは北寄りの風で、夏の季語とされている。

天平十八（七四六）年に越中に赴任した大伴家持は五年間をこの地で過ごし、その間、『万葉集』の家持歌の半数弱に及ぶ二二〇余首を詠んでいる。大伴池主ら家持の部下が詠んだ歌や、この地に伝わる歌などを加えると、越中ゆかりの万葉歌は全収録歌四五一六首中、三三七首にのぼり、「越中万葉」と称されて独特の光彩を放っている。都（奈良）とは異なる越中の風土にあって、歌人のこころが動かされることも多かったに違いない。この歌も一説によれば、越中に「こち（東風）」の語がないことを家持が珍しく思い、あえて「東風」の文字に当地ならではの「あゆのかぜ」というコトバを当てたのではないか、ともいわれている。

いにしえの都で春に吹いた風が「こち」ならば、春から夏にかけて日本海沿岸で吹くのが「あゆのかぜ」だ。沖から吹いてくるさわやかなこの風は「あいの風」「あえの風」とも呼ばれ、今でも豊漁や豊作を呼ぶ風として北陸地方で親しまれている。ちなみに、富山県富山市に本社を置く第三セクター鉄道の社名は、その名も「あいの風とやま鉄道」。平成二十四（二〇一二）年に富山新港に架けられた「新湊大橋」（日本海側最大の斜張橋）の下層に設けられた歩行者通路も、「あいの風プロムナード」と名づけられている。遠い天平の時代に家持が耳にして歌に詠み込んだ「あゆの風（あいの風）」というコトバは、それから一三〇〇年近い年月が流れた現代でも、富山の地で生き続けているわけだ。

多言語が重層するやまとことば

以上のような方言だけでなく、じつは、やまとことばそのものも、必ずしも単純一様なものではなかったようだ。言語文化論・意味論の研究者である木村紀子氏はその著作『ヤマトコトバの考古学』（平凡社、二〇〇九年）で、「山はヤマ・タケ・ネ、土はツチ・ヒヂ・ニ、草はクサ・カヤ、幣はヌサ・ミテグラ」といった具合に、同じ意味の言葉を別の音で使い分ける「同義異音語」が古代初期文献上に数多く存在していることを指摘。そうした現象を「現代語で、たとえば

『五年一組の学級文庫に入れる本をクラスで話し合う』などと、組《クミ》・学級《ガッキュウ》・クラスといった出自の異なる同義語を、小学生でも、何ほどかはニュアンスの違いを感じながら、適当に混用しているありように近いのではないか」といい、「はるか遠い昔、言葉とは声ばかりであったこの列島上で、いくつかの言語圏の出会いと交わりがあって、大和政権系の人々の言葉を軸に混成・融合したものが、記紀万葉等に残された、いわゆるヤマトコトバではないのだろうか」と述べている。

じつは、その「いくつかの言語圏の出会いと交わり」は、ヤマト王権の形成を意味する巨大古墳の出現期よりもずっと前の時代からあったのだが、日本語系統論にも通じるその件についてはあとで詳述するとして、まずヤマト王権による国家成立以降は、第三章で紹介したように、中国大陸や朝鮮半島から渡来人がやってきて朝廷内で仕事をしており、『日本書紀』『続日本紀』には百済人や新羅人、高句麗人などの渡来が記されている。そのため、地名に「百済」「新羅」「高《こ》麗《ま》」など渡来人ゆかりのものがいくつも存在しているほか、それと意識されていない言葉の中にも、漢語や朝鮮語に由来すると考えられる語句も見られる。

当時から使われ、今では訓読み（つまり、やまとことば）として扱われている「馬《うま》」や「梅《うめ》」も、もともとは古い時代（馬は古墳時代、梅は飛鳥時代あたり）にその物とともに入ってきた漢語で、それぞれ昔の中国語の発音である「馬（マ）」、「梅（メ）」を日本人が言いやすいように変化させたものである。ほかにも、「塔《とう》」「卒塔婆《そとうば》」「三昧《さんまい》」「菩薩《ぼさつ》」「娑婆《しゃば》」など、サンスクリット語の中国語訳がそのまま日本語の語彙となったものも多い。

さらに、山部赤人《やまべのあかひと》が辛荷島《からに》（兵庫県たつの市の沖合の島）に立ち寄ったときに詠んだ万葉歌には、アイヌ語由来かと思われる語が含まれている。

あぢさはふ　妹が目離《か》れて　しきたへの　枕もまかず　桜皮《かには》巻き　造れる船に　真《ま》梶貫《かぢぬ》き　我《わ》が漕ぎ来れば……

（巻六―九四二）

――（あぢさはふ）妻と別れて（しきたへの）手枕も交わさず、桜皮を巻いて作った船に梶を通して私が漕いで来ると……。

歌中の「桜皮《かには》」という表現がそれだ。原文の仮名表記も同様に「桜皮」である。『和名抄』に「樺　和名、加波（かば）、又云、加仁波（かには）。今桜皮有レ之」とあり、どうやら古くは「桜の皮」のことを「かには」と呼んでいたようだ。

この語についてアイヌ語研究の先駆者、金田一京助は、昭和九（一九三四）年に発表した論文で「樺はアイヌ語では、karimpa-tat と言う。tat は木の名で、karimpa はぐるっと繞《めぐ》る意で、樺の皮は物を纏《ま》いたり、縛ったりするに用いる。普通アイヌはそういう用には、山桜の皮を用いるので、山桜を karimpa-ni と言っている。こうした皮で物を巻いたりすると丈夫になる」として、この万葉歌の「かには」が「もし日本語で解けないならばアイヌ語の karimpa であろう」と論じている（ルビ引用者、「国語学におけるアイヌ語の問題」／金田一京助選集Ⅲ『国語学論考』三省堂に所収）。

金田一京助は、「ナイ」や「ベツ」などアイヌ語で解釈できる地名が北海道のみならず東北地方にも分布していることを初めて学問的に解明した人物としても著名だ。その後多くの研究者が続き、ハワイ大学教授で国際日本文化研究センターの外国人研究員でもあるアレキサンダー・ヴォヴィン氏は、現在では「アイヌ語が上代日本列島において少なくとも東北地方の全地域で話されていたということはもう定説になったと言ってもいいであろう」と述べている（「萬葉集と風土記に見られる不思議な言葉と上代日本列島に於けるアイヌ語の分布」国際日本文化研究センター、二〇〇九年）。

ヴォヴィン氏によれば、たとえば『万葉集』にも出てくる「武蔵」（万葉仮名では「牟射志」、古代の発音では「munsasi」）は日本語としての解釈は困難だが、アイヌ語では「mun sa-hi」、すなわち「草の野原」と解釈できるといい、ほかにも「アイヌ語から上代東国日本語へ」借用されたと考えられる言葉をいくつかあげて論考を披瀝している（付録18・19参照）。

日本語のルーツ探し

さて、それでは、こうしたいくつかの他言語との交わりをうかがわせるやまとことばは、そもそも、どのようにして形成されてきたのだろうか。詰まるところ、音声としてのみ存在していた〝原日本語〟とは、いったいどのようなものだったのだろうか。

この「日本語の起源」というテーマは、多くの学者が長年取り組んできた課題であり、これまでに比較言語学の手法を用いて、いくつもの系統関係に関する仮説が出されてきた。日本語との同系関係が論じられてきた主な言語は、朝鮮語、アルタイ諸語、モンゴル語、タミル語、オーストロネシア語（南島語）、チベット語、アイヌ語などがある。

しかし、①文法構造や語順が類似しているか、②音韻対応（比較する言語において、同じ意味をもつ単語同士に音の規則的な関係があること）が認められるか、という二点において比較すると、①に類似があっても、②の音韻対応がありそうな言語はタミル語とアイヌ語しかなく、そのタミル語起源説にも、方法上の問題をめぐって比較言語学の専門家からの批判が多い。またアイヌ語も、語順や音韻対応は日本語との関係が無視できないものの、文法に大きな違いがあり、日本語学者の木田章義氏によれば、アイヌ語と日本語が仮に同系だったとしても、その時期はそうとう古い時代のことと考えられるらしい。

結局、系統関係があると認められる決定的な言語は見出せず、いまだ日本語の祖といえる言語は明らかになっていない。そのため日本語は「孤立した言語」の一つとされてきた。

ただ、これにはどうも、「縄文人」と「弥生人」を二元論的に捉える見方が少なからず関係していたように思える。というのは、縄文人は太眉・二重まぶた・厚唇の立体的な濃い顔、弥生人は細眉・一重まぶた・薄唇の平坦な顔と、一般にイメージされる両者の想像図は大きく異なる。さらに、先住の縄文人は原始的な狩猟採集民であり、彼らの文化は、その後の日本人を特徴づけてきた水田稲作農業に基盤を置く文化とはまったく異質だ。よって、日本人の祖先は縄文人ではなく、彼らに取って代わった弥生人に相違ない――そんな推断のもと、〝日本語のルーツは弥生人の言語にある〟という前提にもとづいて日本語の起源探しが行われていた節があるのだ。

当代を代表する亀井孝氏、大藤時彦氏、山田俊雄氏が編集委員を務め、隣接諸分野からも第一線の研究者を集めて編まれた言語文化史シリーズとして、刊行当時に高い評価を得ていた『日本語の歴史』（全八巻、平凡社、一九六三〜六六年）ですら、「日本人の祖先を縄文時代人とみることに反対した江上波夫にしたがって、この弥生時代人こそ、（中略）日本人の祖先にほかならないことを理解できた」と明言し、「言語の面からは、すでに〈日本語〉が使われていたと推定される」と、日本語の弥生時代起源説を唱えている。江上氏の騎馬民族征服王朝説にのっとる立場は時代の風潮による極端なものだったとしても、おおむねこうした見方が長らく〝常識〟とされてきたのである。

ところが、近年の形質人類学、分子人類学の進展や考古学の研究成果などから、縄文人が弥生人に駆逐され、いっぺんに入れ替わってしまった、というわけではないことが明らかになってきた。これを言語という切り口で見ると、「縄文時代の言語」と「弥生時代の言語」の間に大きな断絶はなかったということになる。

つまり、系統関係を探しても一向に起源がたどれず日本語が孤立して見えていたのは、〝原日本語〟の成立が非常に古い時代だったにもかかわらず、渡来系弥生人が在来の縄文人を駆逐した、すなわち弥生時代の言語が縄文時代の言語を一掃した、と想定して、その時点で流入した言語を〝原日本語〟と考え、その祖語や親戚関係を探していたためだったのかもしれないのである。

DNAから見た日本列島の人々

虚心に考えてみたら当たり前なのだが、日本民族の言葉である日本語のルーツは、日本人の起源と無関係には語れない。では、日本列島に住んでいた私たちの祖先はどのように成立したのかというと、現在では、弥生人が縄文人に取って代わったとする「置換説」や、両者間の人骨形態の変化は環境要因によるものと考える「変形説」はすでに否定されており、在来の縄文人と渡来系の弥生人が混血して日本人が形成されたとする「混血説」が定説となっている。

その画期となったのが、形質人類学の大家、埴原和郎《はにはらかずろう》氏が一九八〇年代に提唱した「二重構造モデル」である。埴原氏の仮説では、東南アジア起源の旧モンゴロイドである縄文人が基層集団として居住していた日本列島に、弥生時代以降、北東アジア起源の新モンゴロイドである弥生人が流入し、本州・四国・九州の広い範囲で重なり合い、混血して本土日本人が形成され、水田稲作の伝播が遅れた沖縄とそれを受け入れなかった北海道では、先住の縄文人の影響が濃密に残った、と説明されている。

ただし、最近では、この「二重構造モデル」の土台部分である混血説は定説として継承されているものの、シナリオの細部は、その後の分子生物学におけるＤＮＡ分析の進歩や、化石の形態解析の進捗などによって、大幅に見直されている。たとえば、縄文人を南方起源、弥生人を北方起源と仮定した、それぞれの起源地については再考を求める声が高い。さらに、埴原氏の仮説では、現代日本人を「本土日本人」「琉球人」「アイヌ」の三集団に分類し、それらは弥生時代初期の稲作農耕民の流入によって生じたとされていたが、国立科学博物館人類研究部長を務める分子人類学者の篠田謙一氏は、弥生人との混血の程度だけで日本列島集団の多層性を説明することには無理があると指摘している（『ＤＮＡで語る 日本人起源論』岩波現代全書、二〇一五年）。

すでに、母系遺伝するミトコンドリアDNAの系統の解析によって、私たち現生人類ホモ・サピエンスは約二〇万年前にアフリカで誕生し、約六万年前から「出アフリカ」を始めて全世界に拡散したことが明らかになっている。そして、壮大な旅の果てにホモ・サピエンスが日本列島に到達したのは、今から四万年ほど前の後期旧石器時代とされる。氷河期にあった当時、海水面が下がっていたことから日本列島は、①樺太(サハリン)を経由して極東ロシアと地続きだった北海道、②つながって一体化していた本州・四国・九州、③一つの島を形成していた奄美・沖縄本島と、地形も環境も大きく異なる三つの地域から成り、これらの地域に、起源地の異なる人々が北海道ルート、朝鮮半島経由対馬ルート、南方ルートといった経路でさまざまな時代にやってきて住みついたと考えられている。

篠田氏は、二重構造説の想定する「本土日本人」「琉球人」「アイヌ」とは、この旧石器時代以来の異なる環境をもった三地域集団に相当するとして、それぞれ関係をもちつつも、地域特有の集団として形成されてきたと考えるべきだとしている。

実際、ミトコンドリアDNAを解析して系統関係を調べると、現代日本人の三集団すべてに、縄文人に由来すると考えられるM7aとN9bというハプログループ(ハプロタイプと呼ばれる個々人のDNA配列を比較し、似たもの同士をまとめて共通の祖先を集団としてグルーピングしたもの)が残っていて混血説を裏づけているが、それぞれの遺伝的特徴は大きく異なっており、三者三様である。

とくに、同一起源とされていた「琉球人」と「アイヌ」については、それぞれの遺伝的特徴に

図3 現代日本人の三集団のミトコンドリアDNAのハプログループ頻度の比較

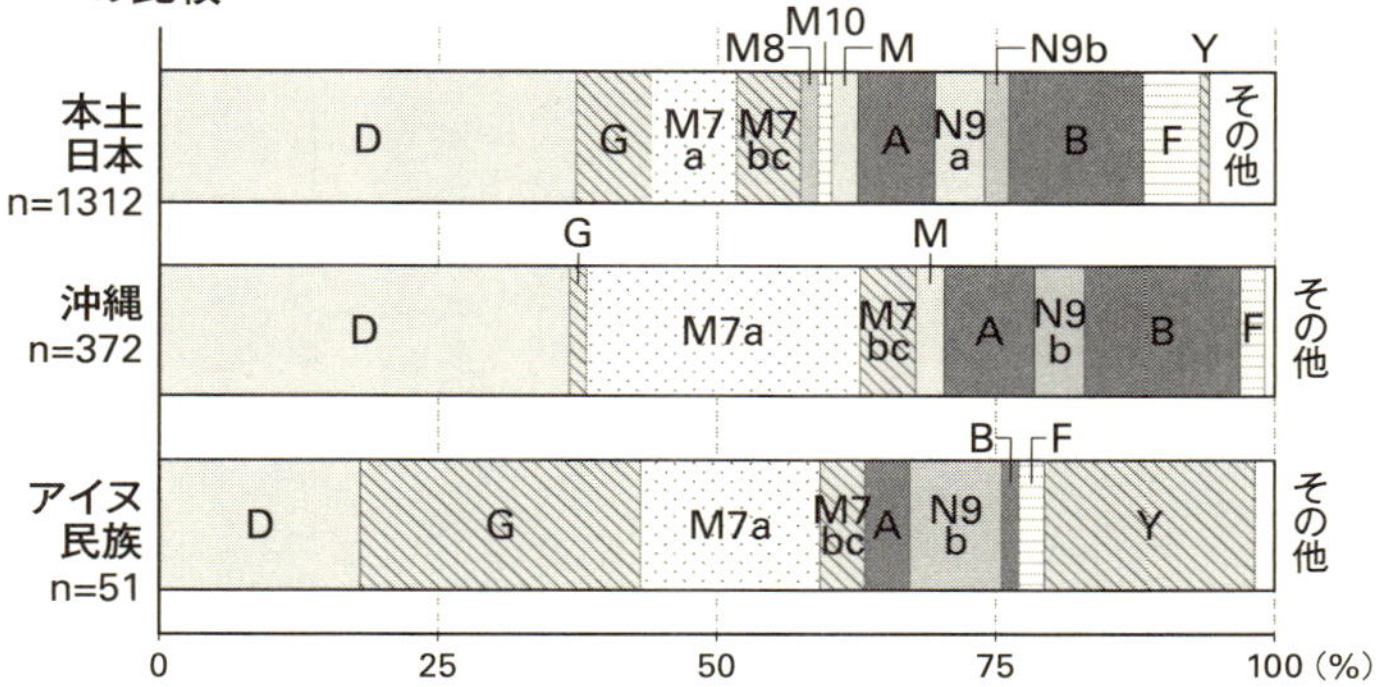

現生人類のハプログループの系統は現在、世界中で100以上のハプログループに定義されている。そのうち、縄文人に由来すると考えられる日本固有のハプログループにM7aとN9bがある。その2つが「本土日本人」「琉球人」「アイヌ」という現代日本人の三集団すべてに残っている。ただし、各集団のハプログループ頻度を比較すると、内容は互いに異なっていて類似性は認められない。nは解析した個体数（以下同）

図4 現代の本土日本人、縄文人、弥生人のミトコンドリアDNAのハプログループ頻度の比較

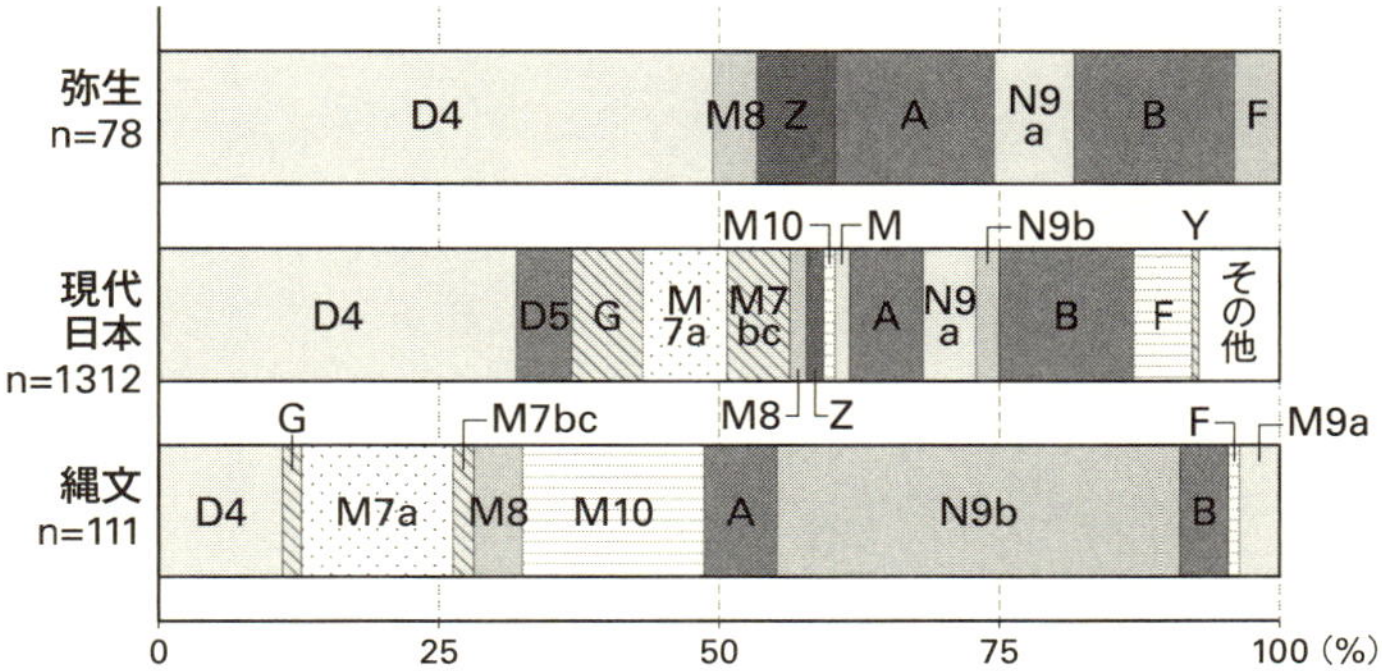

篠田謙一氏によれば、渡来系弥生人の特徴はハプログループD4が多数を占めること。一方、縄文人においては、弥生人には見られないM7aとN9bの頻度が高い。現代の本土日本人のハプログループ頻度を見ると、両者のハプログループを受け継いでいることがわかる

出典：ともに篠田謙一著『DNAで語る 日本人起源論』（岩波現代全書）より

類似性が認められず、ただ単に、列島の南北に先住の縄文人が残されたとする仮説だけでは、とても説明できない相違がある。一方、「本土日本人」に関しては、二重構造説でいわれているとおり、歴史時代に縄文人と渡来系弥生人の混血が進んだことがうかがえる構成になっている（図3・4参照）。なお、ほかにY染色体DNA、核DNAによる分析も行われているが、その結果も同様の結論を示唆している。

こうした結果を受けて、「よく考えてみると、この学説（引用者註／二重構造説を指す）は、列島集団の成立や内部に見られる地域的な多様性を、縄文時代における均一な集団が弥生時代以降の歴史時代を通じて中央と周辺に分離していく過程と捉える、いわば単一の視点から説明するものであることに気がつきます」と篠田氏は記している。これには、思わずハッとさせられた。なぜなら、それは私たちが陥りがちな日本史像の誤謬《ごびゅう》にそのまま当てはまるからだ。

第三章でも述べたように、「日本」とは、ヤマトの王朝を表す名前として「倭」「大和」に替わって歴史に登場した国号である。それが、「やまと」という訓読の時代を経て「ニッポン、ニホン」と音読されるようになり、いつの間にか、ヤマトの歴史はニッポンの歴史になっていく。そうした日本史像は、北海道と沖縄の独自の歴史をほとんど切り落としたところで成り立っている。歴史学者の網野善彦氏がかねがね提起していたように、ときとして私たちは無意識のうちに、「日本は単一民族、単一国家、稲作中心の社会」というヤマト中心の視点に捉われてしまうのだ。

当然のことながら、アイヌの歴史、琉球の歴史はヤマトの歴史とは異なっている。ただし、本書では、文字の記録として残された「やまとことば（＝ヤマトの言葉）」の声の記憶を追いかけ

図5　東南〜東アジアにおけるハプログループ分布を概念的に示した図

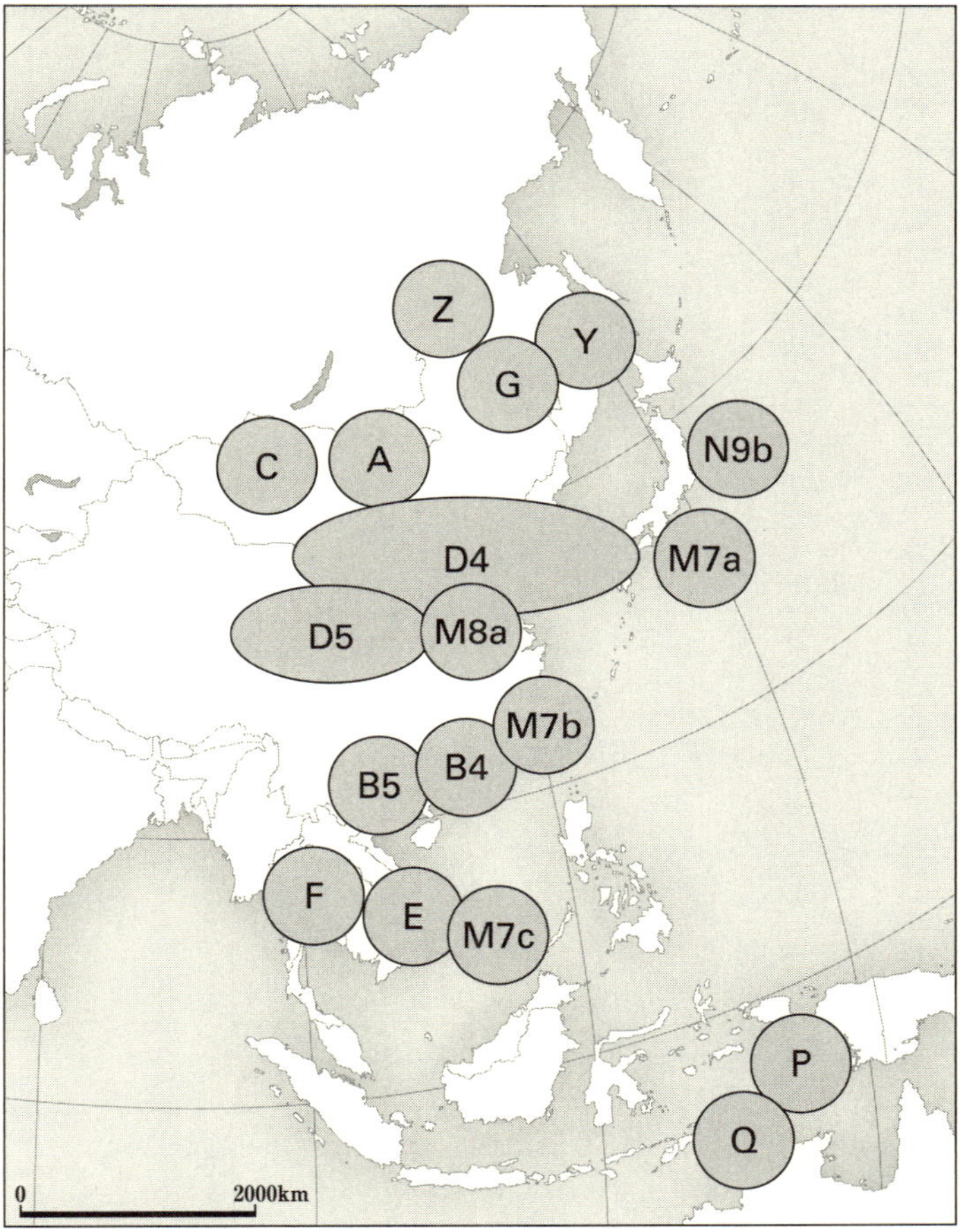

それぞれの円は、ミトコンドリアDNAの各ハプログループの分布の中心をイメージ的に示している。日本列島の位置に示されたM7aとN9bは日本固有。そのほかのハプログループも、パプアニューギニアやオーストラリアの先住民に見られるPとQ以外は、頻度に差はあるものの、日本列島集団においても見ることができるという

出典：篠田謙一著『DNAで語る 日本人起源論』（前出）より

ているので、「倭」「大和」につながる「本土日本」の歴史に着目して話を進めていくこととする。改めてここでお断りしておきたい。

もっとも、その本土日本に限ってみても、私たちが漠然と抱いている「長期間にわたって独立した非常にピュアな集団」というイメージとは正反対の、「周辺地域には見られない非常に大きな多様性を保持し続けている珍しい集団」というありようを、一見古代史とは遠いところに位置していそうな分子人類学の研究データが描き出しているというから興味深い。

具体的には、現代日本人に見られるミトコンドリアDNAのハプログループは、人口比一%を超えるものでも二〇種以上あり、図5で分布を示したハプログループのPとQ以外は日本列島集団において見ることができるという。つまり、私たちはそれほど多様に、アジアの広い地域で誕生したさまざまな集団の遺伝子を受け継ぐ集団なのである。

縄文人と弥生人についての誤解

現代日本人はもとより、そもそも私たちの祖先であることが裏づけられた縄文人が遺伝的に多様な人たちだったらしい。近年、篠田氏ら研究者の手によって、全国の縄文遺跡から出土した人骨のミトコンドリアDNAの分析が精力的に進められているが、そのほぼすべてから、先に縄文人に由来するハプログループと紹介したM７aかN９bが検出されている。どちらも二万年をさかのぼる時代にユーラシア大陸のどこかで誕生したと推定されている古い系統で、現在、本源地（おそらくM７aは南方系、N９bは北方系）ではすでに消滅し、アジアの周辺地域でもほとんど見ることはできず、ほぼ日本列島固有といえるものとなっている。

この解析結果について篠田氏は、M7aもN9bも、大陸と陸続きに近い状態だった旧石器時代にそれぞれの出身地から日本列島にやってきて、その後、地質学的時間が流れ、温暖化によって縄文海進が進んで日本列島が列島化した中、列島の内部で代を重ね、互いに混合・融合して、縄文人の根幹となったということではないか、と推論している。

ほかにも図4に示したように、縄文人のDNAのハプログループにはさまざまな種類が存在している。その意味するところは、縄文人とは、特定のまとまった集団が日本列島に移り住んだ人々なのではなく、アジアの広い地域からやってきたさまざまな集団からDNAを受け継いで列島内で形成された人々だということ。だから、「特定の集団と近似しない」「他に類を見ないユニークな遺伝的特徴をもった集団が形成されていった」のである。

さらに篠田氏は、そうした遺伝的な枠組みの多様性が現代人まで保持されたのは、集団の形成史を通して、新しく流入した集団が先住集団を駆逐するようなことがなかったからではないかといい、「今のところ私たちのもつDNAからは、本土日本で過去に先住集団を消し去るような争いがあった痕跡を認めることはできません。おそらくどの時代でも集団の融合は自然なかたちで行われ、そのときの人口の大きさの違いが、後の集団への遺伝的な影響の度合いを決めたのでしょう」と述べている。

もちろんそれは、弥生時代初期に稲作農耕民が流入した時期においても、例外ではなかった。かつては、弥生時代に数十万人から百万人にも及ぶ渡来人が押し寄せてきたと考えられていたこともあったが、最新のＤＮＡの解析結果は、縄文から弥生への移行期においても、渡来系弥生人と在来の縄文人の融合は非常にゆるやかに進行したであろうことを示唆している。縄文人は渡来人の大集団によって駆逐されたと信じられていた、以前の〝常識〟は、今や科学的にすっかり書き換えられているのである。

加えて、私たちが抱いている一般的な弥生人のイメージも、専門家の間ではとうに過去のものとされている。発掘された古人骨を調査して当時の人の身体や社会の様子を明らかにする「骨考《こっ》古学」の第一人者である片山一道氏は、弥生時代の人々の特徴を指す「弥生人顔」などというものも存在しない、と語る（『骨が語る日本人の歴史』ちくま新書、二〇一五年）。

じつは、出土した人骨を調べると、縄文人は顔立ちや体形がほぼ一定していて、時期差や地域差があまりないのに対し、弥生時代に生きていた人たちは、とても一括りに弥生人とは呼べないほど多様で、みんながみんな、私たちが中高生時代に教科書で見たような平坦でのっぺりした「弥生人顔」をしていたわけではないのだ（なお、水田稲作農耕を基礎に置く弥生文化が定着したのは本土日本だけで、弥生時代に相当する時期、北海道を中心とした日本列島の北部では続縄文文化、琉球諸島では貝塚文化が展開した）。

片山氏によれば、弥生人骨のタイプや分布は地域によって異なり、さらに同じ地域でも弥生時代の前期、中期、後期によって時期差がある。もちろん、弥生遺跡から発見された人骨の中には、明らかに縄文人の身体特徴とは異なる人たちもいたことは間違いない。朝鮮海峡を越えてきた人々やその係累につながるような、いわゆる渡来系弥生人と思われる人々である。ただ、このタイプの弥生人の分布は、玄界灘に面した北部九州の福岡平野周辺や、中国地方日本海沿岸などの遺跡にほとんど集中している。立地の土壌条件ゆえに骨の残存状態が悪い弥生時代の遺跡の中で、例外的に人骨が多く残っているという事情もさることながら、地理的条件から大陸との玄関となってきた場所柄だけに、人間の行き来も盛んだったゆえのことと思われる。

ところが、同じ北部九州でも、佐賀県大友遺跡と福岡県新町《しんまち》遺跡で発見された人骨は、弥生時代初期の朝鮮半島に起源があるとされる支石墓《しせきぼ》に眠っていたにもかかわらず、彫りの深い風貌や抜歯の風習など縄文人との共通点が認められるという。また、南部九州（鹿児島界隈と島部）の弥生時代人のケースでは、顔立ちは縄文人的だが、縄文人には見られない絶壁頭、極端に低い背という特徴が報告されている。

そして近畿地方では、渡来系弥生人とされる人骨も見つかっている一方、それ以上に、縄文人と見紛うような「縄文系の弥生人」の人骨も混在して発掘されている。弥生時代前期から中期にかけての墓所遺跡である神戸市の新方《しんぼう》遺跡から発見された一〇人分ほどの人骨は、まさに「縄文人もどき」だったそうだ。やがてヤマトの歴史の中心舞台となっていく近畿地方ですら、弥生時代中期になってもまだ、縄文人的な特徴を有した人々が少なくなかったわけだ。

おそらく弥生時代の本土日本には、地域ごとにさまざまに変容した縄文人の流れを強く受け継ぐ人々がいた。一方、渡来人の系譜につながる人々もいた。さらに、さまざまな形で混合していた人々もいたのだ。もっとも、片山氏が言うように、「産地マークやＤＮＡコードのようなものが印されているわけではない」し、第二次世界大戦後に生活総体の変容によって日本人の身体特徴が著しく変わり、最近の若者のスタイルが昭和世代に比べて格段によくなったのと同じようなことが、当時においても起こったはずだ。つまり、「油絵の具をかき混ぜるようなもの」で、「なにがどう混ざったか判定するのは難しい」状態で混成している総体——どうやら、それが「弥生人」と呼ばれる人々の実相だったようである。

考えてみれば、集団が遺伝的な枠組みの多様性を保持し続けているということは、元来、こういう具合に遺伝的に多様な系譜をもつ人々がさまざまな人間模様を織りなして共存していたことを意味しているのだ。

連続するヒトと地域文化

考古学界の新しい知見としてもう一つ、従来は紀元前五世紀頃といわれていた水田稲作の始まりが、最近では、五〇〇年ほどさかのぼる紀元前十世紀に始まったと推定されていることも挙げておこう。平成十五（二〇〇三）年の発表時にはセンセーションを巻き起こしたこの年代は、国立歴史民俗博物館の研究チームが水田稲作開始期の土器にこびりついていた炭化物を放射性炭素年代法で測定したものだ。それまでの年代観では、渡来集団が九州北部に進入してから三〇～五〇年程度の、それこそまたたく間に水田稲作が本土日本に広がったと見られていたのだが、スタート時期が五〇〇年も前倒しになったことで、水田稲作の日本列島への浸透は非常にゆるやかなものだったというのが最近の定説となっている。

この研究で主導的な役割を担った藤尾慎一郎氏によれば、水田稲作は開始から二五〇年あまりの間、ほぼ玄界灘沿岸地域にとどまって、外の地域へはなかなか広がらず、九州北部から近畿地方に広がるまでには約三五〇年、関東南部に至っては、なんと約六五〇年もの時間を要しているという。ということは、各地域では、水田稲作が始まるまでは縄文文化が続いていることになる。また多くの地域で、弥生時代初期には縄文時代からの在来民と水田稲作民が長期にわたって住み分けて併存し、やがて中期になると、在来民も水田稲作を行うようになっていったことが確認されている（『弥生時代の歴史』講談社現代新書、二〇一五年）。

ますますもって、「縄文系か、弥生系か」「在来の縄文文化か、渡来の弥生文化か」といった二分論は意味をなさなくなっている。

考古学者の石川日出志《ひでし》氏も、「二分法で割り切ってしまっては、実態からかけ離れてしまうように思われる」として、弥生時代社会の展開の仕方が地域ごと、時期ごとに様相を異にするのは、「縄文時代晩期の地域ごとの特色が弥生時代に引き継がれたから」、つまり、「縄文伝統／新来の大陸系要素／弥生独自の要素の複合が地域ごとに差異があり、各地で刻々と変貌を遂げていったから、というのが実態なのではないだろうか」と論じている（『シリーズ日本古代史①　農耕社会の成立』岩波新書、二〇一〇年）。

そもそも、「縄文時代」とか「弥生時代」という区分は、後世の人間が「日本国の歴史」という視点で眺める際の都合にすぎない。そんな便宜的な分け方はどうあれ、本土日本において、人も文化も、大きな断絶を経験することなく連続していたのである。

これからの日本語系統論と縄文語

考古学においても、人類学においても、かように縄文から弥生への連続性は明示されている。ならば、やはり言語も連続性があると考えねばならないのは自明である。こうした新しい縄文／弥生の歴史像を受けて、暗礁に乗り上げた感のあった日本語系統論においても、「日本語の起源は○○語だ」式の、単一の言語に源流を求める同祖論ではない試みもなされている。

たとえば、言語学者の松本克己氏が、世界言語を視野に収めた「言語類型地理論」の手法によって、「環太平洋言語圏」という日本語系統論の新たなモデルを提案しているほか、計量比較言語学者の安本美典《びてん》氏は、アイヌ語や朝鮮語と祖先を同一にする「古極東アジア語」を日本語の基層言語と想定し、そこに複数の言語が流入・混合して原日本語が形成されたとする「多重説」を唱えている。分子人類学の分野からも、崎谷満《みつる》氏や斎藤成也《なるや》氏らが遺伝子から日本列島のヒトや言語の起源に迫っている。また、日本の諸方言の間に比較言語学的手法を適用して、日本語の祖先に相当する縄文時代の言語、すなわち縄文語の再構に取り組んだ小泉保氏の仕事もある。

各氏の主著は次のとおりだ。松本克己著『世界言語のなかの日本語――日本語系統論の新たな地平』（三省堂、二〇〇七年）、安本美典著『日本語の成立』（講談社現代新書、一九七八年）、崎谷満著『DNAでたどる日本人10万年の旅――多様なヒト・言語・文化はどこから来たのか？』（昭和堂、二〇〇八年）、斎藤成也著『日本列島人の歴史』（岩波ジュニア新書、二〇一五年）、小泉保著『縄文語の発見』（青土社、一九九八年、新装版二〇一三年）。

ここでは諸説の内容には詳しくふれられないが、人類学でいうところの日本列島の三集団、

「本土日本人」「琉球人」「アイヌ」が話す日本語、琉球語、アイヌ語がどのように形成されたのか、その始源とプロセスについて、新しい視点を提示しているこれらの仮説の検証が各方面の専門家の間で進められ、松本氏の著書のサブタイトルにあるように、日本語系統論に新たな地平が拓かれることを期待したい。

ただ、今後、日本語の成立過程の試論がどういった方向に収斂していくにしても、ヤマトの畿内語（上代日本語）につながる弥生時代の言語が成立するまでには、長きにわたるコトバの歴史があり、〝原日本語〟の成立は非常に古い時代だったと推察されること、さらに列島内に流入した集団の混合・融合はいつの時代もゆるやかに進行し、縄文時代から弥生時代への移行期においても、ヒトにも文化にも断絶は認められないこと——など、先に述べた人類学や考古学の知見とも整合性のとれた答えを、日本語系統論は用意する必要があるだろう。

また、「言語面における日本語の系統論では縄文時代の言語がほとんど欠落している。（中略）縄文語の研究は手つかずという状態にある」という小泉氏の主張も無視できないと考える。小泉氏は「（引用者註／比較言語学と地域言語学の手法を使って）方言を比較しその原形を復元すれば、本土縄文語の姿を取り戻すことができよう」としているが、その大胆な試みがどこまで有効なものなのか、門外漢の私にはまったくわからない。しかし、縄文時代晩期から弥生時代への連続性については、多くの専門家が認めるところである。そういう意味では、少なくとも、「日本語の経歴を探究するに当たって、まず曾祖父の言語すなわち縄文時代の言語の解明が大前提をなす」という見解は、当を得たものと思われる。

縄文土器というコトバ

もちろん、縄文時代の人々がどんなコトバを話していたのかはわからない。しかし、考古学の分野では、はるか大昔にこの列島に生きた人々の考えを、物言わぬ縄文土器から〝聞き取ろう〟としてきた。言い換えれば、カタチからコトバを〝聞こう〟としてきたわけである。

そもそも縄文時代とは、縄文土器が製作・使用された時代を示す呼称だったものだ。近年では縄文文化といえば、竪穴住居の普及、狩猟採集経済なども含まれるが、現在でも一般的に用いられている草創期・早期・前期・中期・後期・晩期という時期区分は、縄文土器を指標にしたものである。この土器による編年体系の土台をつくったのは、「日本先史考古学の父」と呼ばれる山内清男《やまのうちすがお》で、一九三〇年代にバラエティに富む縄文土器の装飾や技法などをつぶさに観察し、相互に関連し合う特徴をもとに体系的に分類をして、日本列島全体の縄文土器の型式編年を作成したのだった。

ここまではあくまでレトリックの上でのコトバの意ではあるが、じつは、そうした縄文土器の文様のありようから、実際問題としてそこに人々の間に共有されていたコトバの存在を透かし見ている研究者もいる。縄文考古学者の小林達雄氏だ。小林氏の著書『縄文の思考』（ちくま新書、二〇〇八年）には、「文化の中核にはコトバがある。日本的文化は大和コトバから象《かたち》づくられてきた。さらに遡れば、縄文時代の縄文語（縄文日本語、縄文日本列島語）に行き着くのである」と記されている。

かつて岡本太郎は、縄文土器の造形に「からだじゅうがひっかきまわされるような」凄みがみなぎる美を〝発見〟し、「そびえ立つような隆起があります。するどく、肉ぶとに走る隆線紋をたどりながら、視線を移してゆくと、それがギリギリッと舞いあがり、渦巻きます。とつぜん降下し、左右にぬくぬくと二度三度くねり、さらに垂直に落下します。（中略）このすさまじさに心を引きさかれながら、いつのまにか、身のうちに異様な諧調が共鳴しはじめます。それはなまぬるい気分ではぜったいにとらえることのできない、超自然的な力と均衡なのです」と、その衝撃を語った（「四次元との対話～縄文土器論」／美術誌『みづゑ』一九五二年二月号、『日本の伝統』光文社知恵の森文庫に所収）。

かの岡本太郎をこれほどに圧倒した縄文土器について、小林氏は「容器として作られ、たしかにある程度の働きをしているものの『容器放れ』した性格を矯正しようとする素振りさえ見せようともしないで平然としている」と評し、「使い勝手を犠牲にしてまで容器にどうしても付託せねばならぬナニカがあったのだ。そのナニカが突起を呼びこんだり、ときには不安定極まりない形態をとらせたり、物語性の縄文土器文様となるのである」と論じている。

飾ることを目的とした「装飾性文様」とは別の、イデオロギーあるいは特定の観念を表現する「物語性文様」。そこに託されているナニカとは、「いわば装飾性とは無関係に、世界観の中から紡ぎ出された物語であり、文様を構成する単位モチーフはそれぞれ特定の意味、概念に対応する記号なのである」。しかも、それは、作り手が所属している集団に属するものだという。粘土をこねて造形する土器は、当たり前だが、一つとして同じものがない。だが、作り手個人が自由勝

「水煙渦巻文深鉢」曽利遺跡　43 cm
（長野県・井戸尻考古館所蔵）

手に作陶しているわけではなく、彼らはみずからの所属集団が共有している世界観の中から紡ぎ出された物語に形を与える作業をしている、というのだ。

たしかに同じ様式の土器に共通している文様が、同じ観念、同じイデオロギー、ひいては同じコスモロジーを共有することを意味しているのなら、集団内では互いに情報が共有され、集団共通のイメージを個々人が土器の形に造形できていたことになる。そんな人々が、言語とは呼べないような稚拙なコトバしか使っていなかったとはおよそ考えられない。とするなら、小林氏の言う「縄文語」は、それなりの言語体系をもったレベルに達していたと考えてもよいのではないかと思われる。

小林氏自身は「日本列島に縄文語が行き渡っていた」と推察している。すでに旧石器時代から石器素材として用いられる黒曜石が広範囲で流通していたが、縄文人たちはさらに多様なものを広い範囲で交易していたことが認められている。とくにヒスイは、新潟県西部の姫川流域の原産地のものが装飾品の原材料として全国で流通していた。ヒスイは硬度が高く、加工できるのは新潟県西部（長者ヶ原遺跡など）から富山県東部（朝日遺跡など）にかけての地域だけだったようで、そこで加工された大珠《たいしゅ》や勾玉などのヒスイ製品が北海道の礼文島から沖縄本島まで広範囲で発見されている。こうした交流は、言語によるコミュニケーションがある程度成立していなければ、たしかに難しいだろう。

もっとも、地球の温暖化が進み、現在と同じ姿の島国となった縄文時代の日本列島は、今もそうであるように南北に細長く、地形も変化に富んでいる。それゆえ気候や自然環境の地域差が大きく、縄文時代の人々は、各地域で獲得できる資源を生かして地域ごと、季節ごとに採集・漁労・狩猟を営んで、それぞれの居住する地域で地方色豊かな多様な文化をつくり出していたとされるから、まったく均一の言語だったというのは考えにくい。しかし、意思疎通は簡単ではないけれどなんとかコミュニケーションがはかれる、方言の差程度のコトバを互いに話していたのではないかと考えても、それほど突飛ではないはずだ。

小林氏は縄文語が存在していた証拠として、「(縄文文化が)ちょうど日本列島内に収まり、樺太、朝鮮半島には異なる文化が対峙していた」事実を示す。そして、「コトバは文化であるから、彼我とはコトバが違い、文化が異なっていたのである。たとえばともに土器を製作し、使用していたが、縄文土器が独特な個性を発揮する口縁の突起や波状口縁は、彼の両地域にはその片鱗すらみることができない。このことは突起や波状口縁に対する縄文語コトバと、それにまつわる意味については、彼地には全くなかったことを物語る。カタチの有無は、そのカタチにまつわる名づけコトバと意味の有無であり、ときには世界観にまで関係する場合さえ想像されるのである。まさしくコトバによって支えられた文化の問題である」と述べている。

そんな縄文時代のコトバが基層言語となって、弥生時代以降の日本祖語が形成されていったと想定することができるなら、やまとことばの中のどこかに縄文語の痕跡が残っているかもしれない。そして、その最たる候補を挙げるとしたら、それはなんといっても、「生きた言葉の化石」と称される地名であるに違いない。

第六章　地名の呪力

一万年も続いた文化

前章で、声のみで存在していたコトバの影を追いかけていったら、弥生時代を超えてさらに過去へとさかのぼり、行き着いた先ははるかに遠い縄文時代だった。改めて定義しておくと、縄文時代とは、ほとんどの期間が氷河期だった更新世から、温暖な間氷期に入った完新世にかけて生じた地球規模の環境変動に適応して、日本列島で発展した「採集・漁労・狩猟を組み合わせることで農耕をせずに定住を果たした文化」の時代を指し、およそ一万年もの長きにわたって続いていたとされる。

それにしても一万年間とは、その時間単位のなんと長大なことだろう。それは一〇年、一〇〇年の単位で語られる人の世の歴史の尺度では計りきれず、ことに目まぐるしく変化する時代を生きている現代人からすると目が眩むばかりである。そのため、前章で紹介した人類学や考古学の最新の知見に合点してもなお、縄文時代をどうしても「未開のまま長く停滞していた原始的な時代」とイメージしてしまうという人も少なくないのではなかろうか。

しかし、文化人類学者で考古学者の小山修三氏は、平成四（一九九二）年から本格的調査が行われた青森県の三内丸山《さんないまるやま》遺跡の発掘成果をもとに、その著『縄文学への道』（NHKブックス、一九九六年）で、縄文人と彼らの社会の姿をこう復元している。

縄文人はなかなかおしゃれで、髪を結いあげ、アクセサリーをつけ、赤や黒で彩られた衣服を着ていた。技術レベルは高く、漆器、土器、織物までつくっていた。植物栽培がすでにはじまっており、固有の尺度をつかって建物をたて、巨木や盛り土による大土木工事をおこなっていた。聖なる公共の広場を中心に計画的につくられた都市があり、人口は五〇〇人をこえたと考えられている。ヒスイや黒曜石、食料の交易ネットワークがあり、発達した航海術によって日本海や太平洋を往還していた。その行動域は大陸にまでおよんでいたらしい。祖先を崇拝し儀礼にあつく、魂の再生を信じている。ヘビやクマなどの動物、大木、太陽、山や川や岩などの自然物に神を感じるアニミズム的な世界観をもっていた。

ここに鮮やかに描き出された縄文人の姿には、「原始的で野蛮な人々」といったネガティブなイメージはまったくない。かつて「縄文か、弥生か」という二分論が幅を利かせていた時代には、縄文時代の狩猟採集民は、弥生時代の水田稲作農耕民より劣位にあるとされていた。だが、現在の考古学では、縄文人の社会は未発達で停滞的どころか、優れた技術や豊かな精神世界を有していたと考えられているのだ。

縄文人たちの「定住革命」

そもそも、生態人類学者の西田正規《まさき》氏によれば、「非農耕か、農耕か」よりも「遊動か、定住か」ということのほうが重大な意味を含んでおり、定住生活をするようになったことこそが、人類史においては最も革命的な出来事であったという（『人類史のなかの定住革命』講談社学術文庫、二〇〇七年）。

人が定住するようになった縄文時代が一万年も続いたと聞けば、その長さに思わずたじろぐ。だが、考えてみれば、ヒト属はそれまでの進化史を通じて、何百万年という間、ひたすら遊動生活を続けてきたのだった。一万年どころの話ではない。しかも、そうした遊動生活は、本当は定住を望んでいながらも、それを可能とする経済的基盤をもっていなかったから仕方なく続いていたわけではなく、むしろ人類を含む霊長類は「不快なものには近寄らない、危険であれば逃げていく」ということを基本戦略にして遊動生活を採用してきたのだ、と西田氏は言う。

すっかり定住生活になじんだ現代人としては、遊動生活というと、食料を求めてさまよい歩く、厳しいその日暮らしをつい思い浮かべてしまうが、言われてみれば、たしかに「逃げる」というのは、生存戦略としてはじつに有効だ。西田氏の論を引用しながら説明しよう。

たとえば、生活の場では必ずゴミや排泄物が出る。だが、遊動生活なら、それらを放置して移動するだけで汚染環境から逃避できる。他人との不和やいざこざがあっても、キャンプを抜けてしまえば厄介事から逃れられる。他集団と緊張関係が高まっても、自分たちの土地を死守することなど微塵も考えないので、無用な衝突を避けられる。要するに、三十六計逃げるに如かず。遊動生活とは、「ゴミ、排泄物、不和、不安、不快、欠乏、病、寄生虫、退屈など悪しきものの一切から逃れ去り、それらの蓄積を防ぐ生活のシステム」なのである。

ところが、定住した場合は、「農耕民であろうと狩猟採集民であろうと、食料を多量に蓄えることが彼らの経済の重要な特徴となっている。定住民は、人から逃れることも困難であるばかりか、蓄えた食料や財産からも逃れられない。それを守るには、人と人との間にさまざまな防御の壁を作るしかない」。不和や葛藤、不安の蓄積を防いだり、解消したりするためには、社会規範や権威も必要とされる。

さらに、死体からも逃れることができない。どんな葬り方をしても、死体はずっと身近にあり続ける。そのため、逃げられない定住者は、死者あるいは死というものと向き合い、決まった場所に墓地を設けるなどして、死者と生者との住み分け的な地縁関係を築いていかざるをえなくなる。死者霊を他界へ飛翔させるために儀式を行うといった観念操作も必要となる。

死以外に、病気や事故、ケガなども人にとって恐れの対象となるものだが、そうした災いがしばしば起こったりしたら、「その場所は危険で不吉な場所として記憶されることになるだろう」。ところが、その場所が定住している村だった場合、村を捨てて逃げることはできない。あまつさえ、災いというものは、いつも人がいる定住的な村でこそ頻発する。

だから、「村人は、なんとかこの場所が安全であり、再びここで災いが起こらないことを確信しなければならない。そこで彼らは、災いが発生した原因を、たとえば神や精霊などに求め、そして儀式的な操作によって、災いの原因となった邪悪な力を村から追放しようとするのである。

村人は、それによって村が浄化され、安全な場所にもどったことを確認し、さらに、再び災いの原因が村に侵入してこないように、村の周囲に呪標などを配置するのである」。儀式や呪術といった精神的営みはこうして用意されることとなったのであろう、と西田氏は述べている。

長く続いた遊動生活の伝統のもとで大脳を発達させ、高度な知能をもつホモ・サピエンスにまで進化してきた人類にとって、定住生活というのは存外、克服すべき問題がさまざまにつきまとうものだったのだ。しかし、更新世の最終氷期（直近の氷期）が終わったおよそ一万年前に、地球の気候環境の温暖化が進み、中緯度地帯では森林が増加する一方、逆に草原が減少して、遊動民が狩猟対象としていたマンモスやナウマンゾウ、オオツノジカといった大型獣が絶滅するなど、動植物の様相が大きく変動した。結果、人類は生業活動を変えざるをえなくなってしまった。つまり、地球規模で生じた環境・生態変動に適応するために（ある意味、やむなく）、「人類の社会は、逃げる社会から逃げない社会へ、あるいは、逃げられる社会から逃げられない社会へと、生き方の基本戦略を大きく変えたのである」。

もちろん、その時点ですでに、人類が殻のかたいクリやクルミ、ドングリ類などを大量調理・大量貯蔵する技術を身につけ、大型獣に頼らない新たな生業活動を編み出す前提条件を備えていたことが、そうした生存戦略の変更を可能にしたわけだが、いずれにしても、かくして人類は遊動生活から定住生活へ大きく舵を切ることとなり、ヨーロッパや西アジアでは農耕・牧畜による定住生活が、日本列島では採集・漁労・狩猟によって資源を多角的に利用して定住する生活が始まったのだった。

西田氏はこうした逃げない社会への大転換を「定住革命」と命名し、「定住者は、家や集落の清掃に気を配り、丈夫な家を建て、ごく限られた行動圏内で活動し、社会的な規則や権威を発達させ、呪術的世界を拡大させるといった傾向を持つことになる。このように考えてくると、従来、ともすれば農耕社会の特質と見なされてきた多くの事柄が、実は農耕社会というよりも、定住社会の特質としてより深く理解できる」と論じている。

そして、人間が定住すれば、「村の周囲の環境は、人間の影響を長期にわたって受け続けることになる。村の近くの森は、薪や建築材のための伐採によって破壊され続け、そこには、開けた明るい場所を好む陽生植物が繁茂して、もとの森とは異なる植生へと変化する。（中略）日本の縄文時代の村には、こうして生じた二次植生中に、彼らの主要な食料であったクリやクルミがはえていた」と指摘する。その上で、人間の影響下に生長してきた植物を人間が利用することは「生態学的な表現をすれば、これは明らかに共生関係であり、人文学的にいえば、栽培や農耕にほかならない」として、植物栽培の出現は、人間が定住したことによって派生した帰結であった、と結論している。

たしかにこうして見てくると、日本列島における人類史の画期となったのは、縄文時代の定住革命であり、水田稲作農耕の有無だけを指標にして縄文時代と弥生時代とをまったく隔絶したものと捉えることは、旧弊な歴史観に囚われた単なる思い込みにすぎない、と改めて得心がいく。まさしく定住生活を始めた縄文時代こそ、日本人の基底にあるメンタリティや心象風景が息づき始めた時代だったのである。

人と自然が共生する「ハラ」

そういえば、わが国には節分の日に「鬼は外、福は内」と唱えながら豆まきをする風習があるが、この口上に出てくる「ウチ」と「ソト」という観念も、もとをたどれば縄文時代に竪穴住居をつくるようになって芽生えたものではないか、と前出（第五章）の縄文考古学者、小林達雄氏は指摘している（『縄文人の世界』朝日選書、一九九六年）。

自然の深い懐に抱かれて暮らす遊動生活は、自然の理《ことわり》のもとにある。遊動の途中で設営する仮ごしらえのキャンプにしても、動物のねぐらや巣と大差ないもので、人が移動したあとには、ふたたび自然に戻る。当然、そこにはウチもソトもない。ところが、定住生活が始まると、人は風雨に耐えうる頑丈な建造物（イエ）を建て、長期にわたって同じ場所を占有するようになる。つまり、人間が自然の一画に境界線を引き、自然の秩序とは無関係に人間の都合だけで人工的な空間をつくり上げていくことになったわけだ。

実際、発掘された縄文遺跡の竪穴住居からは、イエの中央に設けられた炉や、煮炊き用・貯蔵用の土器や労働具の石器、ときには土偶や石棒《せきぼう》といった祭りの道具までもが見つかっている。また、イエが集まって構成されたムラの中には、住まいだけでなく、物を貯蔵する倉庫やゴミ捨て場、祭りをするための場所、共同墓地などが配置されていた。

そうやって、自然界に引いた境界線の内部を自分たちのための特別な空間として整備していく中で、ウチとソトの区別が強く意識されるようになっていった、というのが、小林氏の見立てである。

小林氏によれば、「ウチ」と「ソト」の関係は複層的なもので、イエの外にはムラがあり、さらにムラの外にはハラが広がっており、縄文人はムラという人工のスペースを確保することによって、「ムラの内」と「ムラの外」、すなわちムラとそれに対立するハラという区別をはっきりさせ、イエ、ムラ、ハラという構造をつくり出していった。さらに、ハラの外にはヤマがあり、ヤマの向こうにはソラが広がっていると考えられていたという（図6参照）。

ただし、縄文人にとって、ハラは「ムラの外」という対立するだけの存在ではなく、「食べ物を手に入れる場所であり、生活に必要な道具をつくる材料を提供してくれる場所でもある。いわばハラは、縄文人の食料庫であり、材料庫なのである」と小林氏は言う。

定住的なムラの生活においては、日常的な行動圏は日帰りできる範囲か、遠くてもせいぜい一、二泊程度で帰れる範囲に限定される。その限られた空間であるハラにある生物資源はバラエティに富むものの、けっして多量とは言えない。世界の他地域の人々とは違って、農耕をもとにせずに定住生活をする道を選んだ日本列島の縄文人は、限りある資源を枯渇させることなく効果的に使用するために、自然を深く観察し、広範な博物学的知識を蓄え、知恵を働かせながら自然との関係を深めていった。そうして導かれたのが、ハラを舞台として自然と共存共生していくという生き方だった。

小林氏の前出の著書『縄文の思考』には、「縄文人がハラと共存共生するというのは、ハラにいるさまざまな動物、虫、草木を利用するという現実的な関係にとどまるのではなく、それらと

図6　縄文人の世界観

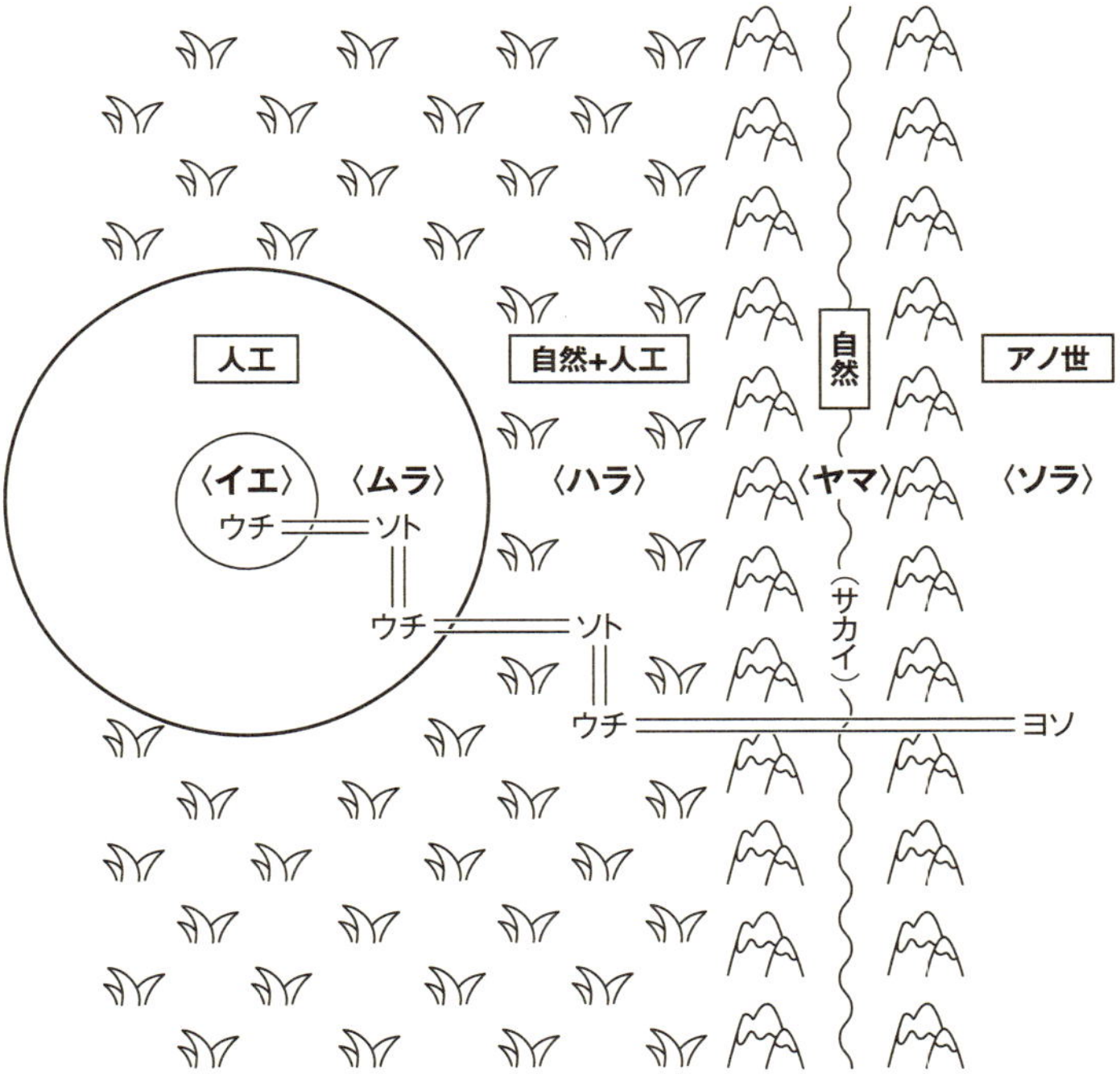

小林達雄氏によれば、イエを抱えるムラは「人」の世界、その外のハラは「人と自然」の共生の世界、そしてハラの向こうのヤマは「自然」一色の世界、さらに天上に広がるソラは、人と自然を超えた「アノ世」であり、「神」の世界へと続くとイメージされていたという

出典：小林達雄著『縄文人の世界』（朝日選書）より

一体あるいはそこに宿るさまざまな精霊との交感を意味する」とあり、「万物ことごとく、草木皆もの言うと認識するが故に、(中略)鳥虫獣魚草木の自然界にまとうカタチの奥に潜む精霊と付き合い、対話の緒は儀礼や呪いによって開かれてゆく。縄文人が一万年以上こうした自然との関係を維持継承するなかから、縄文世界観が醸成され、次第に日本人的心の形成の基盤となったのである」と述べられている。

万物がもの言う世界

「草木皆もの言う」というフレーズを使って小林氏が右のように論じたとき、おそらくその念頭にあったのは、縄文時代から何千年もの時を隔てた八世紀に文字化された『日本書紀』の中の、こんな記述であろう。

彼《そ》の地《くに》に、多《さは》に蛍火《ほたるび》の光《かかや》く神、及び蠅声《さばへな》す邪《あ》しき神有り。復《また》草木 咸《ことごとく》に能《よ》く言語《ものいふこと》有り。

(神代下、第九段、本文)

――その国には、蛍の光のように輝く神や、蠅のブンブンいう羽音のように騒がしい邪神がいる。また草木の精霊も、よくものを言って人を脅かしている。

葦原中国は、磐根《いはね》・木株《このもと》・草葉《くさのかきは》も、猶《なほよ》能く言語《ものい》ふ。夜は熛火《ほほ》の若《もころ》に喧響《おとな》ひ、昼は五月蠅《さばへな》如す沸《わ》き騰《あが》る。

(同段、一書)

――葦原中国は、岩根、木の株、草の葉もよくものを言う。夜は火の穂(炎)のごとく騒がしく響き、昼はうるさい蝿のごとく沸き上がる。

これはともに、天つ神が葦原中国に降臨して直接統治するようになる前、つまり、まだ国つ神のオホクニヌシによって治められていた頃の葦原中国の様子を描いた記述である。『古事記』でも、同じ「国譲り神話」の一節に、葦原中国は「いたく騒《さや》ぎてありなり」——ひどく騒いでいるということだ、とあって、記紀神話では、天孫降臨以前の地上世界は、精霊たちがガヤガヤと騒がしくもの言う世界として描かれている。

縄文人は、自然界のあらゆるモノとのダイレクトな相互交渉の中で生きていた。ハラの自然は獲物を与えてくれたり、木の実をもたらしてくれたり、生活用具の材料を授けてくれたりするが、同時に人間の生命さえ左右する底知れぬ力をもっている。ゆえに、ハラとの共存共生とは、自然を人間と対等に捉えるということではなく、むしろ逆に、自然に生かされているという実感に支えられたものだったはずだ。縄文人にとって生きるとは、「よくもの言う」自然を相手に、自分の存在のすべてを懸けて物質的かつ霊的に真剣勝負することを意味していたに違いない。先の記紀神話の描写は、そんな縄文的な自然観・世界観が下敷きになっているように思われる。

もちろん、『古事記』や『日本書紀』が編纂された時代には、とうに水田稲作農耕に基礎を置く文化に移行し、みずからのルーツを天孫に求めたヤマト王権による古代律令国家が成立するまでになっていた。同時代に成立した『万葉集』では、大伴家持が「言問《ことと》はぬ　木すら春咲き　秋付《づ》けば　黄葉《もみち》散らくは　常《つね》をなみこそ」（巻十九－四一六一）——ものを言わない木でさえも、春は花が咲き、秋になると紅葉して散るのは、すべてが無常であるからなのだ、とうたっている。この歌からもうかがえるように、万葉の時代には、荒ぶる神も草木も、みな言向け和《やわ》され（「言向け和す」とは、『古事記』にある表現で、言葉で説得して平定する意）、もはや「草木よくもの言う」時代ではなくなっていた。

しかし、それでも、この「国譲り神話」や、本書冒頭で紹介した「国生み神話」（生まれた島々にも神としての名前がつけられていた）など、記紀神話に森羅万象がよくもの言う時代のことが記されているのは、もの言う精霊や土着の国つ神と交感していた先人たちの紡いだ物語が、遠い昔の「古事《ふること》」の記憶として、生活のありようや社会の仕組みが変わった後世にまで伝えられていた証左と言えるのではなかろうか。

縄文文化のもとで生まれた自然地名

ともあれ、縄文人は「よくもの言う」自然と対峙しながら、生活圏にある川や野原、山、谷、沢、浜、岬、さらには巨木や岩などにそれぞれ名前をつけていった。それは、「そうした自然を自分たちの息がかかった味方に引きずり込んでいく」ことだった、と小林氏は言う。ソトの世界に存在するよそよそしい場所も、名前をつける（あるいは、名前を知る）ことで、たちまち関係を取り結んで自分たち人間側の世界に所属させることができる。名づけというのは、所有すること、占有することでもあるのだ。

思えば、ああだこうだと呪詛を言い立てる「よくもの言う」相手をなだめたり、褒めたり、脅したり、諭したり、言葉で説得して「語止め《ことや》」させ（沈黙させる意）、服従させるのが、「言向け和す」ということである。つまり、精霊との交渉は「言葉」の力に恃《たの》んでなされるものであったわけだ。言い換えれば、人間がソトなる自然との交渉にあたって、最も〝武器〟となるのが言葉だったのである。

太古、人々は場所に名前という言葉を貼りつけることで、人知の及ばない力をもつ土地の精霊をその名で縛って言向け和し、ハラの場所の一つひとつを自分たちの生活空間にマッピングしていった。西田氏の「定住革命」論にからめるならば、土地への名づけは定住生活を成り立たせるために必要な観念操作だった、とも言えそうだ。

最も古いタイプの地名は、そうやって名づけられた自然地名だったのではないかと思われる。むろん、現在使われている自然地名がどれも、縄文人のコトバで名づけられたものとは限らないが、中には継続して用いられてきたと思われるケースもある。

たとえば、関東地方から東北地方にかけて分布する「ヤツ」や「ヤト」は、丘陵地にできた谷《たに》間《あい》の低湿地を表す、この地方の古い方言に由来するもので、縄文文化のもとで生まれた地名ではないかといわれている。鏡味完二・鏡味明克著『地名の語源』（角川書店、一九七七年）には、「ヤツ」の項に「谷津」「矢津」「扇ヶ谷（おうぎがやつ）」「八津田（やつだ）」「谷田川（やつだがわ）」「八田（やつだ）」、「ヤト」の項に「矢戸」「谷戸」「八戸」「屋戸」「谷当（やとう）」などが収録されている。

このうち、「扇ヶ谷」（行政地名では「扇ガ谷」と表記）は、観光地としても名高い古都鎌倉の地名である。正面は海、三方を山に囲まれた鎌倉は、丘陵地が浸食されてできた谷間の土地が複雑に入り組んだ、「谷戸（やと）」と呼ばれる地形になっており、ほかにも、「比企ヶ谷（ひきがやつ）」「松葉ヶ谷（まつばがやつ）」「月影ヶ谷（つきかげがやつ）」「亀ヶ谷（かめがやつ）」など、「谷」と書いて「やつ」と読む地域名が多い。

ちなみに「月影ヶ谷」といえば、『十六夜日記《いざよいにっき》』の作者、阿仏尼が鎌倉入りした際に住んだとされる地だ。かの日記に、「東《あづま》にて住む所は、月影の谷《やつ》とぞいふなる。浦近き山もとにて、風いとあらし。山寺のかたはらなれば、のどかに、すごくて、浪の音、松風たえず」と記されている。海岸に近い山のふもとで風がたいそう強く、山寺（極楽寺）のそばなので静かでもの寂しくて、波の音、松風の音が絶えず聞こえる——阿仏尼がこう描いた山ふところに抱かれる谷戸の風情は、今もあたりに漂っている。そうした閑雅な佇まいを見せる場所を指す呼び名であるため、「谷＝やつ」という独特の読み方にはどこか古都らしい風情が感じられ、「〇〇ヶ谷」という地名は鎌倉好きの間ではよく知られている。だが、そのルーツをひもとくと、じつは鎌倉時代どころか、もっともっと古い時代までさかのぼれる地名なのである。

なお、「ヤト」「ヤツ」は古い東国方言で谷間の低湿地を表しているのだが、文字化される際には、湿地ではなく渓谷を語源とする「谷」という漢字を用いて「谷戸」「谷津」などと表記されることが多かった。じつは、その痕跡は現在でも残っており、「谷」を「や」（これも訓読み。音読みは「コク」）と読む地名は東日本に偏在している。「渋谷」「四谷」「世田谷」「日比谷」「越谷」……関東では、「谷＝や」地名は枚挙にいとまがない。

対して、西日本では「たに」と読むことがほとんどで、たとえば東京では「渋谷」は「しぶや」が常識だが、大阪府池田市渋谷の場合は「しぶたに」と読む。そもそも「谷」という漢字は、『漢字源』（学研）では「たに、山の低くくぼんだ所。また、川の源となる水が、流れ出るくぼみ」と説明されている。西日本の「谷＝たに」地名は、地形的に見ても、この漢字本来の字義に沿っているものが多い。そのため、「たに」は弥生時代になって、渡来文化の影響を受けた稲作農耕民のもとで使われるようになった語ではないかといわれている。

一方、東日本では、渓谷を表す際には「沢（さわ）」が使われていることが多い。地名研究家の吉田茂樹氏によれば、「谷」と「沢」の分布は、「親不知《おやしらず》—桑名線」（新潟県糸魚川市の西端の親不知あたりから北アルプスの分水嶺を尾根づたいに南下し、御嶽山《おんたけさん》から木曾川沿いに三重県の桑名あたりで伊勢湾に達するライン）を境にかなりはっきり分かれるという（『地名の由来』新人物往来社、一九七九年）。そうしたことから、弥生時代以降の「たに（谷）」に対して、「さわ（沢）」は縄文時代以来の語彙ではないかと想定されている。

常陸国にいた夜刀神

ところで、「ヤト」と同音の名前をもつ「夜刀神《やとのかみ》」という地主神の説話が、『常陸国《ひたちのくに》風土記』行方《なめかた》郡の条に収められている。常陸国とは現在の茨城県、やはり東国である。ひとまず、あらましを現代文で紹介しよう。

——古老の言うことには、第二十六代継体《けいたい》天皇（六世紀前半に在位したとされる）の御代に、箭括氏《やはずのうじ》の麻多智《またち》という男がいて、郡の西方の谷間にある葦原を占有し、開墾して田をつくって献上した。ところが、夜刀神が群れをなしてやってきて妨害し、田の耕作をさせなかった。夜刀神というのは、蛇の胴体に角の生えた頭をもつ蛇神である。行方郡の役所周辺の原野にたくさん棲んでいたのだが、振り返ってその姿を見る者がいると、家族もろとも滅ぼし、一族郎党根絶やしにする、と人々に恐れられていた。しかし夜刀神の妨害があまりにひどいため、とうとう麻多智は怒りを爆発させ、鎧を身につけ手には仗《ほこ》を持って、夜刀神の分身である群がる蛇を打ち殺し、山へ追い払った。そして、山の登り口にある堀に住み分けの境界線として「標《しめ》の梲《うだち》」（しるしの杖）を立て、「ここから上は、神の地とするのを認めよう。だが、ここより下は、人間の田をつくるべき地である」と宣言した。そうして、「私が神の祝《はふり》（神に仕える者）となって、末永く敬い祀っていくから、どうか祟らないでくれ。恨まないでくれ」と言って、麻多智は夜刀神を祀るために神社を創建した、ということだ。

夜刀神の「ヤト（夜刀）」も、前項の「ヤト（谷戸）」や「ヤツ（谷津）」と同根と考えられている。谷間の低湿地は蛇の生息地でもある。葦原を開墾しようと草叢に足を踏み入れた人が、そこに隠れていた蛇に咬まれて命を落とすなどということは、しばしばあったに違いない。そうした恐ろしい力をもつ先住者である蛇に仮託された夜刀神は、人の手が入る前の霊威に満ちた自然を可視化したものとも言えそうだ。

この説話が伝わる常陸国というのは、かなり古くから蛇神信仰が色濃く息づいていた土地柄らしく、『常陸国風土記』香島《かしま》郡の条に見える地名起源譚にも、「角の生えた蛇」の話が収録されている。昔、角のある大蛇が海に出ようとして浜を掘っていたところ、角が折れて落ちてしまったことから、その浜を「角折《つのをれ》の浜」と名づけた、とある。さらに興味深いことに、常陸国だった茨城県では、常陸大宮市（旧・東茨城郡御前山村《ごぜんやまむら》）の西塙《にしはなわ》遺跡や那珂郡東海村の御所内《ごしょうち》貝塚などから、頭部に突起をもつ蛇の装飾が施された縄文土器の破片（「蛇頭把手」）が出土している。

先の説話が新田開墾に際しての水田稲作農耕民と自然の対立の話であることから、一般に夜刀神伝承というと、大和朝廷が先住民を制圧していった史実を投影しているとか、荒ぶる水神を制することによる農業の発展を描いているなどと、農耕社会の視座で解釈されることが多い。しかし、こんな縄文の遺物まで実際に見つかっていることを考えると、この説話のディテールはあとから稲作農耕民仕様の物語として上書きされたものと想定され、かつてこの地に住んでいた縄文人たちの意識の中に、すでに「角の生えた蛇」という蛇神のイメージが存在していたと見てよいだろう。

森羅万象に霊魂を感知したアニミズム的世界観においては、大地は人間を生かし育んでくれるカミであった。このカミというのは、一神教の「Ｇｏｄ《ゴッド》」にあたる絶対神とは異なるもので、本居宣長《もとおりのりなが》が「尊きこと善きこと功《いさお》しきことのみならず、悪《あし》きもの奇《あや》しきものなども、よにすぐれて可畏《かしこ》きもの」（『古事記伝』）と定義した「迦微《かみ》」である。要するに、大地に宿る精霊のことを指す。おそらく常陸地方に暮らしていた縄文人にとって、谷間の低湿地を表す「ヤト」という地名は、そのまま、その土地に宿る精霊の名前でもあった。そして、その「ヤト」という地名＝神名は、精霊のカミとしての霊力や性格を背負うものだったのではあるまいか。

よく「名は体を表す」と言われるが、「草木よくもの言う」時代にあっては、名前（目に見えない世界）と実体（目に見える世界）はぴったり一致していて、まさに名実《めいじつ》一体。目の前に広がる大地につけられた地名は、ムラの人々が代々カミなる自然と真剣勝負の交渉をして獲得してきた認識のすべてを背負ったものだったに違いない。

方言と地名

こうした地名であり神名でもある「カミ宿る大地の名前」は、人々が定住するようになった日本列島において数多《あまた》生まれたことだろう。

なにしろ前章で述べたように、縄文文化は地域ごとの生態系に適応した地方色豊かな多様な文化として成立している。一万年もの長期間に及ぶ縄文時代の全期を通して同一文化が続いたわけではなく、縄文文化とは、日本列島上に現われた諸地域文化をゆるやかに括った総体を指す。縄文土器を指標として見てみると、いくつもの文化圏が存在しており、「縄文土器の地域圏は、縄文時代の方言分布圏である」（瀬川拓郎著『アイヌと縄文』ちくま新書、二〇一六年）という意見もある。地縁的つながりでまとまった文化圏ごとに方言があったとするならば、一口に自然地名といっても、同じような地形を表す地名が全国共通の統一されたものだったはずはない。

縄文海進がピークを迎えた縄文時代前期（約六〇〇〇年前頃）には、海面が今より二〜三メートル高く、陸域深くまで海水が侵入していたとされる。そういう意味では、当時と現在とでは地形に多少の差があり、縄文時代に生まれた地名がそのまま現状の地形を表しているとは一概に言えないものの、前出の『地名の語源』など地名辞典で、同様の地形に由来しているとされる自然地名をピックアップすると、地方によってじつに多様なバリエーションが見られる。たとえば湿地を表す地名としては、「ヤト」「ヤツ」のほかにも次のようなものがある。

•ニタ――二田、仁田、似田、似内（にたない）、似鳥（にたどり）、荷駄、新田など。

•ヌタ――奴田、沼田、怒田、渟田、垈、双田野（ぬたの）、白似田（しろぬた）、新田（にぬた）など。ニタ・ヌタ地名は、近畿を中心に同心円状に分布する。

•ムタ――牟田、六田、無田、務田など。ムタ地名は九州に集中している。

•クテ――久手、久出、九手、長湫（ながくて）など。湿地や沼地を指す、尾張地方から美濃地方にかけての方言に由来する。愛知県長久手市長湫においては、「久手」「湫」の二パターンの用字が併用されている。

•フケ――富家、福家、布下、布計、不毛、泓、浮気、土深（どぶけ）、富下、古毛、吹井（ふけい）など。このうち、「富家」「福家」は好字化されたものだろう。また、滋賀県守山市にある「浮気町」は、「浮気」と書いて「ふけ」と読む珍しい地名として知られる。由来には諸説あるのだが、野洲川《やすがわ》沿いの湿地帯だったことから、湿地を意味するフケ地名の一つとする説が有力だ。

•スワ――諏訪、諏方、須和、須波、足羽（あすわ）など。谷や湿地を意味する長野県の方言からきている。「サワ」とも同類で、川の恵みをもたらす「沢の神」が「諏訪の神」ともされ、縄文時代からの伝統が感じられる。諏訪神社（長野県の諏訪湖近くの諏訪大社を総本社とする）への信仰と一緒に地名も全国に伝播したとされる。

・アワラ——蘆原、粟原、淚原、阿原、荒原、英原、淡原など。「アワラ」は北陸地方で低湿地を意味する。福井県あわら市の「芦原温泉（あわらおんせん）」が有名である。

・ウダ——宇陀、宇田、宇多、右田、浮田、鵜田、菟田、入生田（いりうだ、いりゅうだ）など。『古事記』『日本書紀』の「神武東征神話」には、初代天皇となるカムヤマトイワレビコ（神武天皇）が八咫烏《やたがらす》の導きによって吉野を経て大和の宇陀に至った、とあり、すでに「宇陀」の地名が見える。さらに神武天皇が大和に入ると、「土蜘蛛《つちぐも》（土雲）」や「井光《いひか》」「国巣《くず》」などと呼ばれる土着の民がいたことが記されている。彼らは縄文文化の流れを汲む暮らしをしていたとされるから、そうした先住者がいた「宇陀」の地名は長い歴史をもち、大和朝廷の成立以前の時代から存在していたと考えられる（付録20・21・22参照）。

謎多き古代地名

民俗学の祖として、地名研究に関してもパイオニアとなった柳田國男も、「吉田さん（引用者註／『大日本地名辞書』の編纂者として知られる吉田東伍）の『地名辞書』の索引などを見ると、巨勢《こせ》とか能勢《のせ》とか須磨《すま》とか那須《なす》とかいう類の二音の意味不明な地名が幾種もある。国郡郷名にも『倭名鈔《わみょうしょう》』以前からのもので、よほどこじつけないと説明のならぬものに、これまた同様に二音のものが多い」と指摘し、アイヌ起源なのか、土着の国巣・土蜘蛛たちの言葉だったのか、あるいは単に古いから忘れられてしまったのか、それはわからないが、とにかくこうした意味不明の古代地名は、古くから口から耳へと伝わってきたものであることは間違いない、と述べている（前出、『地名の研究』）。

この柳田の言は、もとは大正十五（一九二六）年から翌昭和二（一九二七）年にかけて、雑誌「民族」に連載された「地名考説」中のものである。当時はまだ、前章で説明したような人類学や考古学の新しい知見には達していなかった時代だったから、柳田は、日本人の祖先を「稲作農耕文化の民」、すなわち弥生時代人と想定していた。そのため、中沢新一氏が『地名の研究』文庫版の解説において、柳田の言う「我々の祖先」は「弥生人」に、「アイヌ」は「縄文人」と置き換えねばならない、と書いているように、現代の私たちとしては、そこのところは補正して聞く必要がある。

とはいえ、そんな時代性に囚われながらも、柳田はこう続ける。「たとえば英国のごとくデーンがセルトを逐《お》い、ノルマンがサクソンを殺戮《さつりく》するという歴史であったら、地名はその都度改まらずにはいない。前住民といわゆる今来《いまき》の民とが、やや久しい期間平和に共棲《きょうせい》していたことが、必ずやこういう解しにくい地名の、多く存在した原因でなければならぬ」。

つまり、解釈しがたい意味不明の地名が多いのは、先住民と新住民とがかなり長期間平和に共棲していて、先住民のつけた地名がそのまま使われ伝えられてきたからに違いない、というのである。ここでは先住民と新住民の具体的な集団名は明記されていないが、柳田のこのビジョンは、「在来の縄文人は渡来系弥生人に駆逐されたわけではなく、両者はゆるやかに混合・融合した」

とする、現代の分子人類学の成果とも重なる。柳田は、日本人の祖先は稲作農耕民だと規定していたが、しかしその一方で、地名には連続性があると考えており、縄文時代につけられた地名が弥生時代以降にも数多く継承されたと見ていたのである。

本書の第四章で、「我々の地名は（中略）使用者の子孫自らがなお解釈を難《かた》しとするものいたって多く、これを不可解として放置するを得なかったために、和銅・養老の『風土記』の昔から、力《つと》めて幽怪なる小説をもってこれを説明せんとする風があり」という柳田の文章を紹介したが、こうして考えてくると、そんなふうに古地名の解釈が難しいのは、地名のあまりの古さに加えて、その地名が前住民の文化（現代の理解で言えば、縄文文化）のもとで生まれたものだったからではないかと柳田が考えていた、と理解してよいだろう。

繰り返しになるが、縄文時代の人々にとって地名とは、よくもの言う精霊を相手に、言葉でもって交渉してきた認識のすべてを託した「カミ宿る大地の名前」だった。だが、「記紀」が編纂された頃には、すでに「草木言問わぬ」時代になっていた。精霊の言葉など聞こえなくなってしまった古代律令国家の人々には、先人がその地名に託した「まこと（真事・真言）」、すなわち、カミなる自然と真剣勝負の交渉を重ねた末に獲得した言葉の本意はわかるわけもなく、それゆえに「解釈を難しとするもの」になっていたのだ。

地名は「らいふ・いんできす」

しかし、そのように解釈不明であっても、それでもなお、古地名——太古の人々が「まこと」

を託した「カミ宿る大地の名前」が長らく継承されてきたのはなぜなのか。

それについては、国文学者・民俗学者にして歌人でもあった折口信夫《おりくちしのぶ》はこういう解釈を示している。それは「古代地名に含蓄せられた、深い信仰から来てゐる。（中略）地名が、それの歴史と、歴史を伝へた古い詞章との、極端に圧搾せられたものとして、暗示深く、古代の心に沁みて居た」からである、と（『折口信夫全集　第七巻　国文学篇1』中公文庫版所収、「日本文学の発生　序説」一九四六年）。

折口は、土地の精霊の名前である地名のことを「らいふ・いんできす」と呼んだ。「ライフ・インデックス（Life Index）」、すなわち「生命の指標」のことで、それを目指して生きてゆく指標になるようなもの、といった意味である。そんな「らいふ・いんできす」のことを、古代日本人は、〝わからないけれど、なんとなく尊げだから〟というのでなく、むしろ〝尊いからこそ、わからなくなるほどの長い時を経てきているのだ〟と考えていた、という。だから、それが圧縮されていると信じていた地名を聞くだけで、その中に生き続けている「らいふ・いんできす」が活性化して胸に広がるように思えた、というのである。

「ライフ・インデックス」というのは、シャーロット・ソフィア・バーン著『民俗学概論』（岡正雄訳、岡書院、一九二七年）に出てくる語で、折口の造語ではないが、折口はもともとの意味よりもかなり拡張して、「呪詞や枕詞に神が宿る」「神の詞《ことば》のエッセンス」といった意味でも用いている（西村亨編『折口信夫事典』大修館書店、一九八八年）。そうした神の教えのような意味を含む「らいふ・いんできす」への深い信仰を、古代びとは地名に対して抱いていた。そこに込められた「まこと」がなにかはよくわからないけれど、保持していかなければならない、ということだけはわかっている——古代びとにとって、古地名とはそういうものだったのだ。

この「らいふ・いんできす」への信奉の思いがあったればこそ、古代律令国家の人々は地名にこだわり、『風土記』に地名を記録することに努め、どれほど「幽怪なる小説」になろうとも、地名起源説や土地の伝承を飽くことなく書き留めたのである。

呪力ある諺

さらに折口は、「らいふ・いんできす」である土地の名に絡んで「風俗諺《くにぶりのことわざ》」にも着目している。「風俗」とは、今で言う「ふうぞく」とは違って「ふぞく」のことで、「国風／国振り（くにぶり）」と同じ意味をもつ。「くにぶりのことわざ」と訓《よ》むのはそのためだ。

折口によれば、このフリというのは「魂振り《たまふ》」のフリで、魂を相手に付着させて活力を与えることをいう。古代には、国の土地がもっている魂、すなわち国魂を身につけ保有した者が、その土地を支配することができると考えられていた。そのため、地名を詠み込んだ歌を天皇に献上することは、歌の中に活《い》かされた「らいふ・いんできす」の威力、国魂のことごとくを天皇の体に身につけてもらうことになると信じられていた。このように土地の国魂を天皇に差し出して身につけてもらうのが「国風《くにぶり》」である。

また、「諺」と聞くと、現代の私たちは「笑う門には福来たる」「遠くの親類より近くの他人」「好きこそ物の上手なれ」のような、昔から言い習わされてきた教訓めいた言葉を連想するが、この語の原義はそれとは趣を異にする。そもそも、「ことわざ」とは「コトバのワザ」、すなわち「言《こと》+技《わざ》」。このワザは「ワザハヒ（災ひ）」のワザと同根で、「隠された神意」を意味しており、それにコトバのコトをつけた「コトワザ」は、言葉の神秘的なはたらきを表す語とされる。折口によれば、「呪力ある言い習わし」のことを指していて、「風俗諺」とは、地方地方に伝承されていた、それぞれの国独特の呪力ある詞章を意味する。

別の著述「古代中世言語論」においては、古くからその地に伝承されている詞章には、国のすぴりっとが宿っていると信じられていた。だから、その国の重要な位置にある人は、それを受け継がなければ、国の威力がなくなってしまうと考えられた。そのため、どうしてもその古詞章を覚えなければならなかった。そうして伝承されたものがことわざで、もとはたいてい讃詞《ほめことば》だった、と書いている（『折口信夫全集　12　言語情調論・副詞表情の発生（言語論）』中央公論社版所収、「古代中世言語論」一九三九年講演）。

この讃詞は、現状を讃美するのが本旨ではなくて、そうなってくれればいいということを、国の精霊に言い聞かせるものなのだという。讃詞を言われると、精霊はその発せられた詞章に責任を感じる。折口は「言葉の威力によつて、相手をちやーむさせる——即ち、言葉に感染させることだ」と説明しているが、つまりは、言葉の力によって「言向け和す」わけである。

『日本書紀』神武天皇紀に出てくる有名な「豊葦原《とよあしはら》の瑞穂《みつほ》の国」という語句も、よく言われるような日本国の美称として「米が豊かに実る楽土」と讃《ほ》め称《たた》えたものではなく、「この国はお米がよくできる国なのだぞ」と、土地の精霊に言って聞かせた言葉だった。そう言っておけば、その言葉どおりの国になることができる、という信仰にもとづくものだった、という。
じつは、『常陸国風土記』には、こうした風俗諺（あるいは風俗説《ことば》とも）がいくつも収録されている。「筑波岳《つくはね》に黒雲挂《くろくもかか》り、衣袖漬《ころもでひたち》の国」「白遠《しろとほ》ふ新治《にひばり》の国」「握飯《にぎりいひ》筑波の国」「立雨零《たちさめふ》り行方《なめかた》の国」「霰零《あられふ》る香島《かしま》の国」「薦枕多珂《こもまくらたか》の国」などがそれだ。たとえば一つ目の「筑波岳に黒雲挂り、衣袖漬の国」については、「同風土記」に次のように記されている。

――倭武《やまとたける》の天皇が新治の県においでになったとき、国造《くにのみやつこ》の毗那良珠《ひならす》の命《みこと》に新たに井を掘らせなさったが、流れる泉が清く澄み、とても美しかった。そこで倭武が御輿を停めて、水を褒めて手をお洗いになったところ、御衣の袖が泉に垂れて濡れた。そのため、「袖をひたす」という言葉から、「常陸《ひたち》」をこの国の名とした。風俗諺で「筑波岳に黒雲挂り、衣袖漬の国」と言うのは、このことである。

「常陸」という国名も、第四章でダジャレのような起源譚を紹介した地名と同様、時代を経るうちに、そこに先人たちが込めた「まこと」はわからなくなっていたに違いない。そこで、このクニの人々は、風俗諺として古くから伝えられてきた詞章を自分たちなりに解釈して、こんな牽強付会の本縁譚を生み出したのだろう。折口の「日本文学の発生　序説」には、記紀・風土記・万葉集の時代においても、そこまで伝承されてきた詞句はその遠永《とおなが》い歴史を示すように古びて、よそよそしい昔語《むかしことば》となっていた、とある。

しかし、折口は続けてこうも言っている。古代日本人は、時にその意義すら忘れてしまっていても、こうした国讃《ほ》めの詞句に無関心ではいられなかった。それゆえに、当世風の理屈をつけたり、うろ覚えの歴史知識をつき合せたりしてなんとか解釈し、それが語り始められた昔を今につなごうとしていたのだ、と。

筆者は第四章「故事にこじつけるマコト」の項で、古代びとにとって切実に大事だったのは、地名の謂われなのではなく、いにしえの古事《ふること》（故事）を「まこと」と実感することだったのではないか、と考察したが、それぞれの地方で言い習わされてきた風俗諺は、まさしく国魂の霊力を宿した「まこと」が凝縮されたものだったのであろう。

本当は意味のあった枕詞

それにしても、「筑波岳に黒雲挂り、衣袖漬の国」については、もともとは「ひたち」という国の本縁譚を伝えていたものがいつしか省略されて、短い詞章になったらしいことはどうにかうかがえる。だが、ほかの「白遠ふ新治の国」「握飯筑波の国」「薦枕多珂の国」などはあまりにコンパクトで、いったい本当に呪力ある諺だったのか、訝しく思えてしまう。

実際、『常陸国風土記』の撰録者も、そこから意味を読み取って地名の由来を説くことはあきらめたと見え、地名起源譚にはまったく別の物語を用意し、詞句のことは「風俗諺に言われている」とただ一言紹介するのみ。五音（一部に六音）の決まり文句のようなそれは、まるで土地を形式的に修飾する枕詞のようだ。

じつを言うと、それもそのはず、折口曰く、これこそが「枕詞」の起源で、風俗諺がだんだん脱落変化して、最終的に残った最も大切な語句が枕詞なのだ、という。これは折口だけの独断ではなく、枕詞の源流が地名や神名を讃《ほ》め称《たた》える詞章にあったとする見方は、現在の学界でも広く認められているものだ。

「枕詞」という用語自体が名づけられたのは中世以降のことで、枕詞は時代がたつうちに形骸化して、和歌の調子を整える程度の言葉と捉えられるようになってしまった。しかし、もともとは、風俗諺が最小化した短い語句と地名から成っていて、それぞれの土地の呪力ある詞章がこの中に凝縮されていると考えられていた。表面的には単なる修飾語にすぎないように見えるが、じつは、この部分に神霊がよりつき、国魂が宿ると見られていたのだ。折口によれば、歌に詠み込まれた地名ともども、こうした枕詞の原形も、歌の中に生命標として据えられた「らいふ・いんでき す」だったのである。

そう言えば、「飛鳥《とぶとり》の明日香《あすか》」のように、枕詞が地名を称える讃詞として地名と一体になって使われているうちに、いつしか「とぶとりの（飛鳥の）」という枕詞の文字が地名に乗り移って、「飛鳥」と書いて「アスカ」と読むようになってしまった地名がある。そんな事態になったのも、煎じ詰めたら、枕詞に宿る国魂の強い呪力のせいだったのかもしれない。

「飛鳥の明日香」という用例は、『万葉集』に何首か見られる。

飛ぶ鳥の　明日香《あすか》の里を　置きて去《い》なば　君があたりは　見えずかもあらむ

飛鳥《とぶとりの》　明日香《あすか》能《の》里乎《さとを》　置而伊奈婆《おきていなば》　君之当者《きみがあたりは》不レ所レ見《みえず》香聞安良武《かもあらむ》　（巻一―七八）

――（飛ぶ鳥の）明日香の古京を捨てて行ってしまったら、あなたのあたりは見えなくなってしまうのではないだろうか。

元明天皇の御製ともいわれるこの歌は、和銅三（七一〇）年春二月、藤原宮《ふじわらのみや》から寧楽宮《ならのみや》に遷るときに、御輿を長屋の原に停めて旧都藤原を振り返ってつくった歌、と題詞にある。日本史上初の本格都城として造営された藤原京は、現在の奈良県橿原市と明日香村にかかる地域にあったが、この現「明日香村」は、昭和三十一（一九五六）年に阪合《さかあい》村・高市村・飛鳥村が合併して発足したもので、それまでは「アスカ」は「飛鳥」と表記されていた。この地（奈良県高市郡明日香村飛鳥）にある蘇我氏の氏寺も飛鳥寺と書く。

また、「春日《かすが》」も、「春日《はるひ》のカスガ（滓鹿《かすが》か）」の枕詞だった「春日」という漢字が地名本体に転移した地名だ。『万葉集』では、山部赤人が春日野に登りて作る歌（巻三―三七二）の長歌の冒頭に「春日《はるひ》を　春日《かすが》の山の……」とある。もっとも、原文表記は「春日乎《はるひを》　春日山乃《かすがのやまの》」となっているので、これだけでは「春日」の読みは確定できないが、『日本書紀』の歌謡中に「春日を過ぎ（播屡比《はるひ》　箇須我《かすが》ヲスギ）」（武烈天皇紀、歌謡九四）、「春日の　春日の国に（播屡比《はるひ》ノ　哿須我《かすが》ノクニニ）」（継体天皇紀、歌謡九六）という表現があり、万葉仮名で「ハルヒ（ノ）カスガ」と表記されているから、やはり、枕詞の「はるひの（春日の）」から「春日＝カスガ」が生じたと考えてよいだろう。

ほかにも、伝存する古文献ではその表記は見つからないものの、「長谷＝ハセ」や「日下＝クサカ」も、おそらく「長谷《ながたに》の初瀬《はせ》」「日下《ひのもと》の玖沙訶《くさか》」という枕詞的言い習わしがあって、それに由来するのではないかといわれている。

今では、「飛鳥＝アスカ」「春日＝カスガ」「長谷＝ハセ」「日下＝クサカ」は、苗字にもなっていたりして、難読名と意識することすらないほど一般的なものとなっている。しかし、なぜこんな読み方をするのか、改めて眺めてみると、国魂が宿ると古代びとが信じていた枕詞に行き当たり、さらにその基層には、よくもの言う精霊と言葉で交感していた遠い時代の人々の心象が脈々と息づいているのである（付録23参照）。

終　章　日本的なる風土――地名と日本人

私たちはどこから来て、どこへ行くのか

結局、地名という言葉の奥底に密封保存された声の記憶をたどることは、人と自然、人とカミの関係について考えることと同義であった。もちろん、地名の上には圧倒的な厚みをもって歴史が層をなしているだけに、私ごときが簡単に云々できるものではなく、ここまで述べてきた内容は、呆れるほど粗い素描にすぎない。だが、少なくとも、「神宿る大地の名前」と呼ぶにはあまりに記号化してしまった現代の地名世界にも、先人たちと大地との交渉の記憶が予想以上に根強い地下茎を残していることはスケッチできたのではないかと思う。

大昔にこの日本列島上に暮らした人々が地名に封じ込めた畏《かしこ》きものへの思いは、今もその音の響きにまとわりついていて、ふとした折に、現代の私たちの心に届くことがある。私自身、日本人の心の古層を探して〝地名の森〟に分け入っているとき、幽明定かならぬあたりから太古の声の残響が聞こえてくるような感覚になることがあった。遠い時代を生きた先人の声か、はたまた国魂の声なのか、どれとも定まらないその響きは、「どうだ、私の声がお前に届いているか？」と問うているようでもあり、「お前は今、その大地の上にどんな在りようで立っている？」と、

厳しく迫っているようにも感じられた。

人それぞれに忘れ得ぬ故郷があり、思い出の土地がある。喜びや悲しみ、切なさが染み込んだ地名を、誰しも胸に抱いて生きている。そのせいなのか、人間と大地をつなぐ紐帯である地名について考察する作業というのは、計らずも、個々人と地名のつながり、さらにはパーソナルな過去との向き合い方に意識を向かわせるもののようだ。

そしてそんな内省は、人をさらに根源的な問いへといざなう。私たちはどこから来て、どこへ行くのか。私は先人たちとどうつながり、未来になにを手渡していくのか——みずからにそんな問いかけをするとき、あなたの胸に去来するのは、この大地の上のどの場所を示す地名だろうか。あなたの心の根っこを震わすのは、はたしてどのような風景であろうか。

地名についての問わず語り

私にとってそれは第二の故郷である奈良の地。ことに、地名を手繰り寄せて本書を書き進めていた私の脳裏にしきりに浮かんできたのは、大和盆地に美しい円錐形の姿で佇む三輪山の姿だった。三輪山とは、言わずと知れた神奈備《かむなび》山、すなわち神の鎮まる山として古くから信仰されてきた山である。

もう四十年も前の話になるが、奈良で学んだ大学時代に私は初めて三輪山を目にした。さまざまな時代の紆余曲折を経た現代でも、神話に語られてきた場所には独特の風情が残っているものだ。さすがにすべて昔のままというわけにはいかないけれど、それでも、現地におもむき、そこの空気に包まれていると、神話の心についと触れたような気がする瞬間がある。

古《いにしへ》の　事は知らぬを　我《われ》見ても　久しくなりぬ　天《あめ》の香具山《かぐやま》（巻七－一〇九六）

――大昔の歴史のことはよく知らないけれど、私が見てからでさえ、こんなに久しくなった。聖なる天の香具山よ。

『万葉集』にこううたわれている聖なるものに対する気持ちは、知らず知らず、現代の私たちにも受け継がれている。それを今風に言えば、パワースポットの力ということになるのかもしれない。しかし、自分自身の〝今〟だけで手一杯だった二十歳そこそこの年頃に、三輪山を前にして覚えた心の震えは、そんなスピリチュアルな流行り言葉では片づけられない深度があった。

この山には神が宿っている。理屈抜きで、素直にそう思えた。当時私は、三輪山をご神体とする大神《おおみわ》神社の由緒も、どんな祭祀がなされているのかも、なにも知らなかった。けれど、三輪山の姿に言い知れぬ尊さを感じたのだ。今思えば、私はこのとき、昔から日本人が胸に抱いてきた聖なるものへの思いのなんたるか、その一端を、身をもって知ったように思う。

三輪山だけではない。今も往時さながらの華やかな花を咲かせている京都と違って、歴史の舞台から降りてしまった感のある奈良の、田んぼの畦道のような古道、こんもりと木々に覆われた古墳、茫漠たる草原として残る平城宮跡……のびやかな自然の中に溶け込んでそこかしこに残された旧都の残影に心惹かれた。そうして大学卒業後も、胸に灯った思いに促されるようにして、古代の息吹が感じられる大和盆地で数年を過ごしたのだった。

そのうちに、記紀神話や古代からの伝承を知り、三輪山をはじめ古代史の舞台となった土地土地の歴史についても、それなりの知識も得た。しかし、さまざまな事象についての情報を仕入れただけの知識はバラバラのまま、体系化されることもなく、日本人の心の原郷に対する私の理解は、その後もたいして深まることはなかった。情けないことに、未熟な私は表面をなでるだけの知識で満足し、なんとなくわかったつもりになってしまっていたのである。

あれからずいぶん時間がたった。しかし、いたずらに馬齢を重ねるばかりで、「日本人の心の原郷」や「日本の文化」につねづね関心の目を向けていたのに、恥ずかしながら肝心要の「日本」なるものについて、正面からじっくり向き合ったことはなかった。振り返ってみれば、私は長いこと、「日本」はいつとも定かではないきわめて古い時代から存在していたと漠然と捉えていて、それに疑念を抱くこともなかったのだ。ほんの少し踏み込んで考えたなら、そうした捉え方は、じつは意外にも、「日本は神の国」と述べた元首相の時代錯誤な歴史観とさほど変わりないとわかるはずなのだが、そんなことには気づかなかった。

ところが、本書で書いてきたように、日本人の遺伝的記憶につながる「地名」というロープ伝いに、幾千年という時間をさかのぼっていったら、「日本」や「日本人」についての自分の認識が神話的ともいえる思い込みにすぎないことが見えてきた。記紀神話、地名起源譚、文字化された地名、声だけのコトバ……といったテーマについて、「地名」を軸にして捉え直すことで、バラバラに存在していた点と点が有機的につながって、見えなかった視界が開けてきたのだ。すると、霧が少しずつ晴れて山容が次第にはっきり見えてくるように、私の胸に三輪山が象徴的に浮かび上がってきたのだった。

三輪山のオホモノヌシの物語

これまで長らく、私にとって三輪山は「国のまほろば」そのものだった。

倭《やまと》は　国のまほろば　たたなづく　青垣《あをかき》　山隠《やまごも》れる　倭しうるはし　（古事記歌謡三一）

――大和はすばらしい国どころ。幾重にも重なる青々とした垣根のような山々に囲まれた大和は本当に美しい。

『古事記』ではヤマトタケルが、『日本書紀』では景行天皇が詠んだとされるこの国思歌《くにしのびうた》の情景に三輪山の姿を重ね、「国のまほろば」と心を寄せてきた。それはきっと、私に限ったことではないはずだ。青垣の山裾を縫うように続く「山の辺の道」からその秀麗な姿を望めば、多くの方が〝これぞ日本人の心の原郷〟と感じることだろう。

その三輪山に鎮まっているのはオホモノヌシ（大物主神）だと、「記紀」は言う。『古事記』では「御諸《みもろ》山」、『日本書紀』では「三諸《みもろ》山」（ともに神の鎮座する山の意）と表記される三輪山が「記紀」に登場するのは、神代の「国づくり神話」にまでさかのぼる。

『古事記』には、こう記されている。オホクニヌシ（大国主神）がスクナヒコナ（少名毘古那

大和路・三輪山を眺む（写真提供：一般社団法人奈良県ビジターズビューロー）

神）とともに葦原中国の国づくりを進めていたが、途中でスクナヒコナが常世の国に渡ってしまった。そのため、オホクニヌシが「独りでどうしたらいいのか」と嘆いていると、「私をよく治め祀るならば国づくりに協力しよう」と海を照らしてオホモノヌシが現れ、「吾を倭《やまと》の青々とした山垣の、東の山の上に斎《いつ》き祀《まつ》れ」と言った。それで祀ったのが御諸山（三輪山）に鎮座している神である、と。

一方、『日本書紀』では、オホモノヌシはオホナムチ（大己貴神＝オホクニヌシの別名）の「幸魂《さきみたま》・奇魂《くしみたま》」（幸いをもたらす神秘的な魂、すべてのことを知りわきまえしむる魂のこと。神の霊魂の穏やかな側面）と名乗り、「吾が在るからこそ、お前は大きな国をつくる手柄を立てることができたのだ。吾は日本国《やまとのくに》の三諸山（三輪山）に住みたい」と語った。そこで宮をつくって住まわせた、とある。多少の違いはあるが、こうして国づくりの際に、オホモノヌシは三輪山に祀られたとされている。

三輪山のオホモノヌシは、その後もたびたび「記紀」に登場する。

まず、『古事記』では、初代神武天皇の皇后となったヒメタタライスケヨリヒメ（比売多多良伊須気余理比売）がオホモノヌシの子だと語られている。「丹塗矢伝説《にぬりや》」（丹塗矢とは、赤く塗った矢のこと）と呼ばれる伝承で、オホモノヌシが麗しいセヤダタラヒメ（勢夜陀多良比売）を見初め、丹塗矢に変身して彼女の用便中にほと（陰部）を突く。驚いた姫が矢を拾って持ち帰り、床の上に置くと、矢はたちまち美男子に成り変わり、姫と契りを交わす。そして生まれたのがホトタタライススキヒメ（富登多多良伊須須岐比売）、別名ヒメタタライスケヨリヒメだ、という話である。ヒメタタラという名は、陰部を意味するホトを嫌って改名したものとされている。
また、第十代崇神天皇の時代には、疫病が国中に蔓延し、人々が死に絶えそうになってしまったことから占わせたところ、オホモノヌシの祟りだとわかる。そのため神託に従い、オホモノヌシの子であるオホタタネコ（大田田根子）を、三輪山に坐すオホモノヌシを祀る祭主とした、と『日本書紀』は記している（『古事記』にも同類の記事が載る）。

第四章で紹介した箸墓伝説（一〇三ページ参照）の主人公ヤマトトトヒモモソヒメは、このときに神憑って神託を告げた女性である。この話では、三輪山のオホモノヌシが小蛇《こおろち》の姿になってヤマトトトヒモモソヒメのもとに通ったとされていたが、かたや『古事記』では、別の女性とオホモノヌシとの神婚譚が語られている。

その娘とは、イクタマヨリビメ（活玉依毘売）という。この娘のもとに、夜になると正体不明の男が通ってきて、やがて娘が身籠った。男の正体を知るため、娘が男の衣の裾に糸巻きに巻いた麻糸をつけ、夜が明けて見てみると、不思議なことに、糸は寝屋の戸の鉤穴を通り抜けて外に出ていた。その糸をたどっていくと三輪山に至り、オホモノヌシの社に行き着いた。それで、おなかの子は「神の子」と知れる。このとき、糸巻きには糸が三巻き残っていたので、その地を名づけて「三輪」と呼ぶようになったという（万葉仮名による原文では、糸が「三勾《みわ》」残っていたから「美和《みわ》」と呼ぶ、と表記。この神婚譚は「三輪」の地名由来の説話にもなっている）。

さらに、オホモノヌシが蛇に姿を変えた話は、箸墓伝説だけでなく、『日本書紀』の第二十一代雄略天皇の条にも見える。雄略天皇に「三輪山の神の形を見たい」と命じられた少子部《ちいさこべ》スガル

（蜾贏）という人が、神だとして捕まえてきたのが大蛇《おろち》だった。その大蛇は雷のような音をたて、目はきらきらと輝かせていた、とある。つまり、オホモノヌシは蛇の姿で現れ、雨や雲を起こす雷神だと信じられていたのである。

三輪山の麓に鎮座する大神神社はこうした記紀神話を拠りどころに、三輪山に鎮まる「大物主大神《おおものぬしのおおかみ》」をご祭神として祀っている。広く知られているように、大神神社には拝殿があるのみで、本殿はない。参拝者は、結界として拝殿裏に設けられている三ツ鳥居（三つの鳥居が連なった珍しい形式の鳥居）を通して直接、三輪山に遥拝する形になっている。そういう本殿なき社は原初の神祀りのさまを伝えるとされ、神代を創祀とする伝承とも相まって、大神神社はわが国最古の神社の一つといわれている。

古来ご神体と仰がれ、禁足地として人の立ち入りや樹木の伐採が禁止されてきた三輪山だけに、今も大神神社の参道をゆけば、そこには神域らしい清涼な風が流れている。鬱蒼と茂る杉や檜の大樹がサワサワと葉ずれの音を立てる。拝殿前の鳥居も、左右二本の太い柱の間に大注連縄《おおしめなわ》を渡した独特のスタイル。神さびた雰囲気に自然と背筋が伸びる。おのずから手を合わせたくなる崇敬の念が湧く。

しかし、それにしても、このとき私が感じるカミは、いったいナニモノなのだろう……。第二章で述べたように、明治維新国家が神仏分離令や神社合祀令という政策によって人々の「こころ」に見えない境界線を引いて以降、日本人は自然なカミのありようを見失ってしまった。ありがたいと感じる思いとか、神や仏の区別なく信じる気持ちとか、そういう「こころ」をなんと呼んだらいいのかわからないままに、現在それらは一応、「神道」という容器に一纏《まと》めに入れられているのだが、いや、しかし、「大物主大神」という神様を拝んでいる自覚は、私にはない。かねてより、そこがなんとも釈然としなかった。

よくよく考えてみると、そんな割り切れなさを内包する「国のまほろば」の美しいイメージとは、捉えどころのない霧の中にほのかに見える幻影のようなものだったのだ。

恐るべし、古代ヤマトの言向け力

ここまで何度も述べてきたように、「記紀」を〝みずからの歴史〟として文字で記録に残したのは、ヤマト王権によって建設された古代律令国家の人々である。そんな記紀神話を「国体」の起源を示す史実として扱う皇国史観的な国史像は、現代においてははっきり否定されている。この国の現実の歴史が神代にさかのぼるものではないのは自明のこと。「日本」という国は、三輪山がずっとそこに在り続けてきたようにこの世に存在し続けてきたわけではない。

とはいえ、三輪山の麓は、古代においてヤマト王権の政治・文化の中心だったとされる地域である。実際、このあたりには、初期ヤマト王権発祥の地と目される巨大な纏向《まきむく》遺跡があり、卑弥呼の墓との説もある箸墓古墳をはじめ、発生期古墳がいくつも分布している。磯城《しき》地域・磐余《いわれ》地域には天皇の宮も数々営まれている（第三章八八ページ参照）。その地において古代ヤマトの人々によって建設され、初めて号された「日本」という国名が、今日まで途切れずに用いられてきたことは曲がりなりにも事実である。

ならば「記紀神話」をどう読むべきか、どう解釈したらよいのか。戦前の皇国史観への反省の上に立って、これまでさまざまに議論されてきた。三輪山信仰や神々についても、多くの専門家たちによって研究されてきた。文献史学、考古学、民俗学、文化人類学など多方面から神話や古代史の実相を解明する試みがなされており、それぞれの分野では優れた業績が蓄積している。

にもかかわらず、私自身の反省として書いたように、「日本」の始まりを〝いつとも定かではない古い時代〟と漠然と捉えていると、いつしか現実と神話のあわいに霞がかかって両者が曖昧に溶け合ってしまう。全体を共通して支える土台が曖昧模糊とした状態では、その上の各分野にいくら上質の素材が使われても、所詮、確たる建造物は建てられないのだ。

念のため付け加えておくが、私とて当然、「記紀神話」を史実として受け取ってなどいなかった。しかし、国思歌の「国のまほろば」のイメージを現実の三輪山に投影して「日本人の心の原郷」を訪ねていけば、その道はどうしても古代ヤマトに行き着く。勢い、古代ヤマトの中に日本固有の文化や信仰の源流を求めることになり、さらなる過去である縄文的世界とのつながりには意識が向かなくなってしまうのである。

なにしろ、古代ヤマトの人々は「記紀」において、異質な文化や風俗習慣をもつ〝野蛮な先住民〟を言向け和して輝かしい国を建設していった歴史を示し、自分たちの正統性を主張している。たとえば、一六六ページでもふれたが、東征中の神武天皇が大和に入った際、そこには多くの土着の民がいたと記されている。そのうちの「井光《いひか》」のことは「井戸の中に住み、体が光って尾が生えていた」、また「土蜘蛛《つちぐも》」は「尾が生えていて、岩穴に集まって唸っていた」などと、いかにも蔑んだ描き方をしている。「土蜘蛛」という呼び名にしても、蜘蛛のように地面を這いずりまわる野蛮人という蔑称である。

こういう、縄文的な暮らしをしていた当時の先住民を蔑視する記述を読むと、遠い遠い昔にこの日本列島で生活を営んでいた縄文人たちのカミへの思いが、まさか古代ヤマトの精神世界の無意識の奥底に沈んでいようとは、なかなかイメージすることができない。言ってみれば、一〇〇〇年以上の時を超えて、現代人までもが彼らに「言向け」されてしまうのだ。

むろん今でも、奈良は「国のまほろば」であり、「日本のふるさと」と呼ぶにふさわしい地である。それが揺るぐものではない。しかし、日本列島の上に暮らす人々の精神史をさかのぼっていく旅は、古代ヤマトで行き止まりになるわけではないということは、しっかり肝に銘じておく必要があろう。

図7をご覧いただきたい。これは平成二十二（二〇一〇）年、平城京に都が移されて一三〇〇年という節目の年にあたって、国土地理院が作成した「5万分1集成図〔奈良〕」のうちの「奈良盆地周辺の地形の変遷」を示す地図である。「縄文期（約六〇〇〇年前）」→「奈良期（約一三〇〇年前）」→「江戸期」（約四〇〇年前）」→「現在」の地形の変遷を示している。このような大地の視座から歴史を考えてみると、古代ヤマトの言向けの内容がどうだとか、縄文人・弥生人・倭人の違いとか、そんな人間界のあれこれはまったく意味をなさなくなる。また、近年の古代史研究においては、第五章で説明したように、ＤＮＡ研究や考古学の新しい知見を踏まえた補助線を引くこともできる。

図7　奈良盆地周辺の地形の変遷

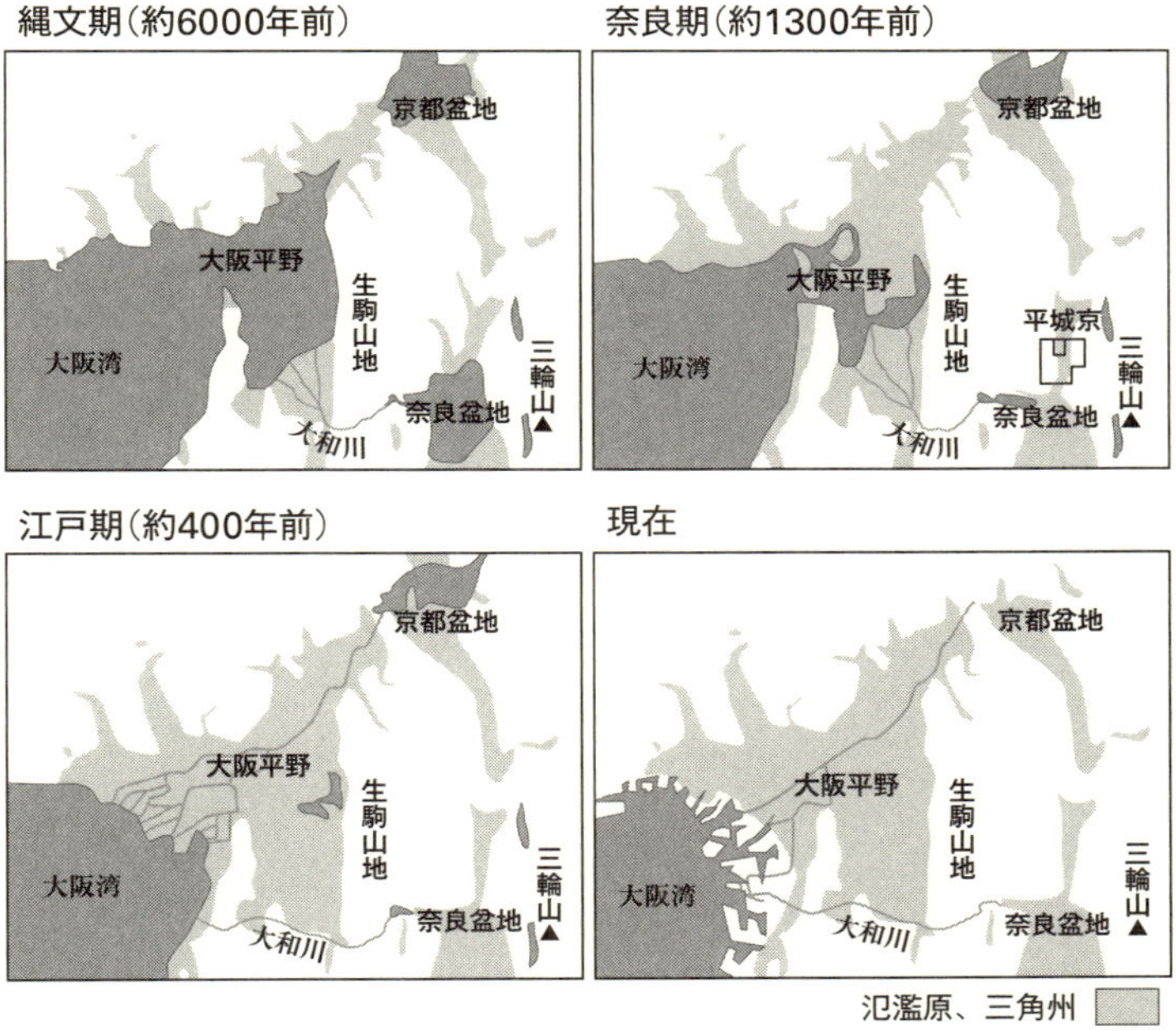

国土地理院によれば、縄文期（約6000年前）には、氷河期後の海面上昇により、生駒山地の麓まで大阪湾が入り込んでいて、大阪平野はほとんど海だった。奈良盆地の中にはいくつもの川が流れており、合流付近は河川が氾濫したり湿地になったりしていた。排水の悪い場所は沼地や盆地湖になっていた。遺跡調査などによると、大和川流域には、弥生後期の集落跡が多く見られることから、早い時期から人が住みついていたとされている。
また奈良期（約1300年前）には、海面の低下により、大阪では生駒山地の麓まで入り込んでいた水域が浅い淡水湖に変わり、さらに淡水湖も消えかかって大阪平野が広がっている。奈良盆地においても同様に、沼地や盆地湖が消えかかり、氾濫原に変わってきている。この頃に都が藤原京から平城京に移された。当時、平城京では、佐保川、大和川を経由して難波（大阪）から人や物資が運ばれていたという。

出典：「国土地理院「5万分1集成図〔奈良〕」より

〝地名の森〟に分け入って日本人の心の古層を訪ねる試みは、そうした多角的な視点で「日本」や「日本人」を考えることでもあった。そうやって「地名」を手繰り寄せながら、改めて古文献や遺跡・遺物を眺めていくと、これまでは焦点が合っていなかった側面が見えてくる。幾重にも重なる層の表面にだけピントが合っていた像が、もっと奥行きのあるものとして目に映るようになったとでも言おうか。

すると、古代びとたちの神奈備山が、それまで私が抱いていたものとは異なるイメージで、にわかに立ち上がってきたのである。つまりはそう、三輪山が、「国のまほろば」というイメージを突き抜けて、もっと古い時代、おそらくは縄文時代以降の、性質の異なるカミガミが複綜した地として像を結ぶようになったのである。

大いなるモノの主

前章でもふれたように、日本列島に暮らす人々のカミへの信仰は、はるか縄文時代の昔から存在していた。縄文人は自然界に存在する山、岩、川、森から一木一草まで、あらゆるものにカミを感知し、儀礼や呪術など祭祀的なことも行っていたと考えられている。祈りと祭りの場と推定される環状列石がつくられた縄文遺跡も見つかっている。さらに、小林達雄著『縄文の思考』（前出）によれば、彼らは人と自然の共生の場である「ハラ」の向こうにある「ヤマ」（一五五ページ図6参照）を意識し、とくに周囲の山並みから抜きん出て目立つ山に対して強い関心を寄せていたという。

美しい円錐形をした三輪山は、そうしたヤマの典型と考えられている。また、三輪山の山中には、神を招いて祭祀を行ったとされる巨石群（磐座《いわくら》）が存在しているほか、山麓一帯にも多くの古代祭祀遺跡が分布し、大量の祭祀遺物も出土している。これらの祭祀遺物はおよそ四世紀後半から六世紀前半のものとされ、さらに考古学の成果から、七世紀前半頃になると磐座祭祀から禁足地の祭祀へと移行したと推定されている。

つまり、有史以降は、「記紀」の伝承にもとづいて「大物主大神」が大神神社のご祭神とされているが、太古からそう信じられていたわけではなく、山、岩、樹木などに対する自然崇拝や精霊崇拝→磐座や神籬《ひもろぎ》など依代《よりしろ》に神が降臨するとした信仰→海の神、火の神、山の神など特定の固有名をもたない神々への信仰→「記紀神話」に登場する人格神への信仰などと、悠久の時の流れの中で神の概念が変容してきたのである。

そもそも、三輪山に祀られていた神がもともとオホモノヌシという名前であったかどうかはわからない、と三浦佑之氏は指摘している（『口語訳　古事記〔完全版〕』文藝春秋、二〇〇二年）。オホモノヌシ（大物主）とは、「大いなる物の主」の意。この「物」は万物に宿る霊《モノ》を指し、「物の怪」の物《モノ》でもある。すなわちオホモノヌシは、すべての霊、悪霊をも含めたすべての霊をつかさどる主という意味を表す普通名詞的な神名にすぎなかった。

ところが、いったん神名が与えられ、人間と同じように恋したり嫉妬したり怒ったり、人格（神格）をもってふるまう神が描かれるようになると、畏《かしこ》きモノ、得体の知れないモノ、祟るモノなどなど、それ以前に日本列島に暮らした幾億万の人々が畏《おそ》れ崇めていたさまざまなモノが、それらを統《す》べる「オホモノヌシ」という神名に組み込まれ、最終的に神社神道の「大物主大神」という人格神となったのである。

要するに、「大物主大神」のもとに、まだ名前がなかった時代のカミガミの諸相と、それにまつわる伝承や記憶の一切合財が、複雑に絡み合いながら暗々のうちに集約されたわけだ。結局、私たち日本人は昔から、どれか一種類の概念の神ではなく、そうやってさまざまに重層し混在するカミガミを拝んできたのである。「八百万の神」と呼ばれる多神教とは、たぶんそういうことを意味しているのだ。

隠された縄文的な心性

それにしても、太古からのカミガミが変容しながら重層して成ったオホモノヌシの、積み重なっている層を剝がし取っていったら、その底にはいったいどんなカミが潜んでいるのだろう。そんなことを考えていて、はたと思い当たった。

そうだ、蛇神だ。第六章一六二ページで説明した縄文の蛇神のイメージが、古代律令制下の常陸国に伝わる「夜刀神《やとのかみ》」説話だけでなく、オホモノヌシの深層にも、時代表層の潮流の変化をかいくぐって流れ込んでいる。三輪山のオホモノヌシが蛇として描かれていたのは、偶然ではなかったのではないか。

一般に民俗学の世界では、蛇は水神を象徴するものとして扱われ、水田農耕民にとって水は最も重要なことから農耕神となり、雨と結びついて雷神にもなり、五穀豊穣の神ともされている。

だが、先に述べたように、すでに縄文人の意識の中に蛇神のイメージが存在していた。実際、蛇と縄文を関連づけて考える学者は多く、小山修三氏も前出書『縄文学への道』で、「アニミズム的な縄文人の信仰の世界のなかでカミは姿を定めない。とくにヒトとしてはついにその顔をみせることはなかった。そんななかでヘビは素顔をみせた唯一の縄文のカミだといえるだろう」としている。

また、蛇信仰の実態について鋭く検証した『蛇――日本の蛇信仰』(初出一九七九年、のちに講談社学術文庫、一九九九年)で知られる民俗学者の吉野裕子氏は、「日本民族が縄文時代から蛇を信仰していたことは明白な事実である」ときっぱり言い切り、さらに「日本神話の中に描かれている蛇は、すでにこの種の絶対の信仰対象であった原初の蛇ではなく、畏敬と嫌悪の矛盾を内在させている蛇であり、しかもどちらかといえば、嫌悪の要素の方がむしろ勝っている蛇である」と論じている。

つまり、「記紀」のオホモノヌシの神体が蛇であるという伝承には、一般によく言われる「蛇神＝水神＝農耕神」という以上に大きな意味が隠されていたと見てよいだろう。古代ヤマトの人々にとってはおそらく意識の外にあることだったろうが、オホモノヌシの蛇体は、水田稲作農耕が始まる以前の、縄文文化の基層にあった蛇信仰がその後もひそかに命脈を保って生き永らえてきたものだったのである。

吉野氏によれば、日本人が三輪山をはじめとする円錐形の姿をした山に神を感じるのも、じつは蛇信仰が関係しているのだという。太古、蛇信仰に覆われていた先人たちの目にはその山容は、蛇がずっしりと大地に腰を据えてトグロを巻いている姿として象徴的に映っていた。それが後世の深層心理に受け継がれているため、秀麗な円錐形の山が人の心に信仰心を呼びさますのだ、と前掲書にある。

もっとも、いきなりこんな風に断言されても、面食らう人も多かろう。だが逆に言えば、そういう戸惑いこそ、とてもすぐには合点できないほど蛇信仰が高度に象徴化され、直接的な蛇のイメージが影をひそめて継承されているなによりの証左とも言える。

象徴化について、吉野氏は次のように説明している。縄文人にとって、脱皮をすることから生まれ変わり・再生の象徴とされた蛇は、その形態が男根を連想させることから生命力の源とも見られ、さらに強い繁殖力と恐ろしい猛毒をもつことから最大の敵として認識されてもいた。そんな蛇に対して人が抱く「強烈な畏敬」と「物凄い嫌悪」。この相反する心理が極度の緊張関係にあったがために、蛇信仰は口にすることも、筆に上せることも避けられて、数多くの蛇の象徴物が生み出され、蛇の跡を隠して蛇信仰が継承されてきた。そして象徴に次ぐ象徴の中で、ついにはそれがいったいなんの象徴化であったのか、肝腎の本体は忘れ去られてしまった。中国地方の荒神神楽における蛇託宣、出雲の竜蛇様、日本各地に残る蛇縄神事など、明確な形で残存している蛇も少なくないが、高度の象徴化の中に蛇としての生命を消滅させられている蛇はそれ以上に多いのである——、と。

外見だけ見たらほとんど蛇と縁もゆかりもなさそうな蛇の象徴物は、今もなお、私たちの周りに存在し、その由来を知られぬまま、生活習慣の中に生き続けているという。

たとえば鏡も蛇の象徴物とされる。蛇の目には目蓋《まぶた》がないため常時開いており、まばたくことがない目は「光るもの」と受け取られて畏怖されてきた。そこで、丸くて光る「鏡」のことを、蛇の古語「カカ」から「蛇（カカ）の目（メ）」と呼び、それが「カカメ」→「カガメ」→「カガミ」に転化して、三種の神器の筆頭になったのではないか、と吉野氏は言う。お供えの鏡餅の「鏡」も蛇の意。餅を二段重ねにするのは、トグロを巻く蛇の姿に見立てたもので、上から見ると大小二重の輪をなし、それはまさに「蛇《じゃ》の目紋《めもん》」でもある。小餅も、蛇の卵の象徴とされる。

さらに注連縄も、長時間に及ぶ「蛇の交尾」の造形だと推察されている。私も実際に交尾映像を見たことがあるが、たしかに二匹が絡まり合っているさまは、縄さながらである。しかもハブやマムシの交尾は濃厚で、一日以上継続することもあるというから、太古、人がそうした生態に圧倒的な生命力を感じたのもうなずける。そういえば、縄文土器の模様は縄でつけられている。それも蛇の威力を取り込もうとする呪術的な意味合いがあったのかもしれない。

そんな蛇の象徴物として見立てられた縄が注連縄に用いられるようになり、それが気の遠くなるような時間を経た現在でも、格別に神聖視されて神社や神棚、正月飾りなどに飾られている。そういう実態を見ていくと、シンボライズされた蛇信仰は私たちが思っている以上に根深く、そして確実に継承されていると思えてくる。

ここではそれぞれの見立ての由来は割愛するが、ほかにも樹木の蒲葵《びろう》、檜扇《ひおうぎ》、紙扇、笠、蓑《みの》、案山子《かかし》、酸漿《ほおずき》の実など、蛇の象徴物は数多く存在するとされる。また先にふれたように、縄文の蛇信仰は角の生えた蛇神である夜刀神につながり、オホモノヌシの蛇体にも顕現している。さらに、蛇への関心は「ヤト」「ヤチ」といった地名にも籠もっていて、その痕跡は、東日本に多く見られる「谷」を「ヤ」と読む地名に残っている。現代の若者たちで賑わう東京・渋谷の街を指して私たちが「シブヤ」と口にするとき、その音は、はるか時空を超えて縄文人たちの声と響き合っているのである。

そう考えるとたしかに、蛇信仰をはじめとする縄文的な心性は、その後に現れた異文化の波や時代の奔流にさらされながらもしたたかに生き延びて、無自覚のうちにも今日に至るまで、日本列島に生きる人々の心の深層に脈々と伝えられてきたと首肯できる。私たち現代人の心の基底にも、そうした縄文的な心性が通奏低音のように流れているのだ。

日本の風土に育まれた文化

考えてみれば、そもそも、この日本列島の上ではいつの時代も、人は、寛容に共存し、受け入れ合い、融合してきたのである。

第五章で説明したように、最新の分子人類学の研究によって、在来の縄文人は渡来系弥生人に駆逐されたわけではなく、両者はゆるやかに混合・融合しており、現代日本人にも縄文人特有のDNAが高い頻度で見られることが明らかになっている。日本人というのは、アジアの広い地域で誕生したさまざまな集団の遺伝子を受け継いだ、「非常に大きな多様性を保持し続けている集団」なのだ。抗争や闘争、紛争などがあったことは歴史が認めるところだが、しかし先住者を徹底的に殺戮することはしなかった。みずからの統治の正統性を説くという政治目的をもって編纂された「記紀神話」でさえも、じつは先住者たちの神話や伝説が積極的に取り込まれているという見方が定説となっている。

　ならば、カミガミも共存し、融合し、重層していくのは道理である。先住民のつけた地名が抹消されることなく、変容しつつも連綿と伝えられているのもまた然りだ。

　本書を通して見てきたように、一万年以上に及ぶ自然との共存共生を通して培われてきた縄文的な心性——それを現代日本人も遺伝的記憶としてたしかに受け継いでいる。私たちはそうした基層文化をもっていることを誇りにしてよいと思う。複綜するカミガミに等しく手を合わせたくなるのも、むべなるかな。そんな多神教的な祈りのかたちが、元来の私たちのスタイルなのだ。それにもっと自信をもっていいのだと思う。

　ただし、そこから一足飛びに、〝やはり日本という国は誇らしい〟〝日本人はすばらしい〟と結論づけるのは少しお待ちいただきたい。最近、日本の歴史や伝統を手放しで礼賛する言説が流行り、日本古来の伝統を復活させようとする動きが目立っている。しかし、その「伝統」はたいてい、明治以降につくり上げられた「日本は単一民族で、均一・同質の文化をもつ」という、ナショナル・アイデンティティの呪縛から逃れられていない場合が多い。それでは、元来の伝統であるはずの「寛容ゆえの多様性」とは正反対の、「異質なものを排斥する」という狭量さにつながってしまう。

　ここで思い出されるのが、物理学者にして夏目漱石の弟子としても知られる寺田寅彦の「自然ほど伝統に忠実なものはない」（傍点引用者）という言葉である。昭和八（一九三三）年三月三日、東北地方を「昭和三陸地震」が襲い、死者・行方不明者約三〇〇〇人という未曾有の被害を出した。その直後の同年五月に、寺田は日本の文明の本質を見据えて「津浪と人間」という随筆を雑誌「鉄塔」に寄稿した。これはその一節である。該当箇所を引いておこう。

しかし困ったことには「自然」は過去の習慣に忠実である。地震や津浪は新思想の流行などには委細かまわず、頑固に、保守的に執念深くやって来るのである。紀元前二十世紀にあったことが紀元二十世紀にもまったく同じように行われるのである。科学の方則とは畢竟《ひっきょう》「自然の覚え書き」である。自然ほど伝統に忠実なものはないのである。

（『天災と日本人――寺田寅彦随筆選』角川ソフィア文庫、二〇一一年に所収）

寺田はまた、こうも言っている。深き慈愛をもって我々を保育する「慈母」であると同時に、しばしば刑罰の鞭をふるって我々の心を引きしめる「厳父」でもある日本列島の大自然。日本人は、そんな特異な自然に順応するための経験的知識を収集し蓄積することに努めてきた。そこに日本人の「民族的な智恵」がある、と（「日本人の自然観」初出一九三五年、前出の文庫に所収）。

寺田の同時代人である和辻哲郎は、古典的名著『風土』（初出一九三五年、のちに岩波文庫、一九七九年）で、風土とは、精神構造の中に刻み込まれた「人間の自己了解の仕方である」と喝破した。国語学者の大野晋も、「その土地に生を営む人間は自分の生きている場の自然の状態（つまり風土）を自分たち人間の根本的な相手と見なし、それにどう対処するかを、永い年月のうちに定型化する。さらにそれを人間同士の対応の仕方、事物を認識する態度にまで拡大していく。『文化』とは、土地に固着したものであり、それぞれの土地の条件、風土のもとで生まれる」と述べている（初出一九九七年、のちに『日本人の神』河出文庫、二〇一三年）。

本来の日本の「伝統」とは、そういう風土に根差したものに違いない。伝統を規定するのは、古代律令国家が引いた境界線でもなければ、ましてや、「神武復古」を謳った明治維新国家がその線を上から改めてなぞったものでもない。

本書を通して見てきたように、そうした日本の風土、すなわちカミなる大地と、真剣勝負の交渉を続けて獲得されたのが、縄文的な心性に支えられた基層文化なのである。そして、そのカミなる大地と人との交渉をつぶさに記録したものが「地名」である。

カミガミと人との往還から形づくられてきた縄文的心性は地名に染み込み、地名は幾千万の人々の祈りや情緒をたっぷりと吸い込んで今に伝えられている。もの言わぬ地名はなに食わぬ顔をしているが、「地名」という記録メディアの中には、どうしても私たちが忘れてはならない大切なものが凝縮されている。すぐには判読することはできないものの、根強い地下茎をたどっていけば、先人たちが地名に封じ込めた畏《かしこ》きものへの思いを聞くことはできる。古代びとのみならず、現代人にとっても、地名はやはり、この大地で人が生きていくための大切な「らいふ・いんでき す＝生命の指標」である。「真言《まこと》」とはほど遠い空疎な言葉がはびこる現代社会にあって、今こそ、地名に隠された「まこと」に真摯に向き合う必要があるのではなかろうか。

（了）

【付　録】まだまだある、気になる地名たち

現在、日本には何百万という地名があるといわれているが、柳田國男はその著『地名の研究』で、「少なくとも数千万、ことによると億という数にも達しているかも知れぬ」とまで書いている。地名をどう定義するかによってその数は異なるが、いずれにしても、日本列島の大地の上には生まれも育ちも異なる多種多様な地名がひしめき合っている事実に変わりはない。本文では地名から日本の原郷を探ることに主眼を置いたため、そうした豊饒なる地名世界を十分に説明しきれなかった。そこで、さまざまなテーマを切り口にして、気になる地名を紹介する付録をつけた。それぞれの項目は、独立したコラムとしても読めるが、本文の補註としての役割も担っている。項目番号を本文中の関連箇所に振ったので、補足説明としてもお役立ていただきたい。

1　「蒲郡」のような合成地名（本文二五ページ参照）

富士山の伏流水に水源を発する湧水池、忍野《おしの》八海《はっかい》で知られる山梨県**忍野村**《おしのむら》も、愛知県**蒲郡市**と同様の合成地名である。忍野八海といえば、その湧水は古くから富士登拝をめざす際の禊《みそ》ぎに使

われ、世界遺産「富士山―信仰の対象と芸術の源泉」にも構成資産として登録されている。そんな由緒があるだけに、忍野は当然、古くからある地名と思われがちだが、じつは明治期に忍草《しぼくさ》村と内野《うちの》村が合併した際、「忍＋野」（ただし、読み方は「しぼの」ではなく、「おしの」とされた）でつくられた地名なのだ。

地名の一部を組み合わせる合成地名という手法は、自治体合併の際に多用された。東京都**大田区**もそんな地名の一つで、昭和二十二（一九四七）年に大森区と蒲田区が合区されたときに「大＋田」でつくられたものだ。その名は「大きな田んぼ」からきているわけではない。ほかにも、東京都**昭島市**《あきしま》（昭和町の「昭」＋拝島村の「島」）、茨城県**小美玉市**《おみたま》（小川町《おがわまち》・美野里町《みのりまち》・玉里村《たまりむら》の「小＋美＋玉」）など、合成地名の例は枚挙にいとまがない。

また、合成に用いられるのは自治体名の一部とは限らず、たとえば東京都の**国立町**《くにたちちょう》（現・国立市）は、中央線の国分寺駅と立川駅の名から一字ずつとって両駅の間に新設された「国立駅《くにたち》」にちなんだものだし、東京都**墨田区**は隅田川の堤の通称「墨堤《ぼくてい》」の「墨」＋隅田川の「田」の合成によるものである。

2　古都らしからぬ地名（本文二五ページ参照）

京都市の**天使突抜**《てんしつきぬけ》や**悪王子町**《あくおうじちょう》、**元悪王子町**、奈良市の**恋の窪**《こいくぼ》など、古都にも、およそ古都らしくないライトノベルに出てきそうな地名が存在している。

天使突抜の「天使」とは、神の使いのエンジェルのことではなくて、「天使の宮」「天使社」と呼ばれていた五條天神社のこと。今では小さな神社だが、かつては広大な境内をもち、周囲は森で囲まれていたとされる。ところが、豊臣秀吉が新たな通りを建設し、町割を変更するという大胆な都市改造を行った際に、この「天使の宮」の敷地をぶち抜いて道を通した。つまり、道が天使を突き抜けた。そこから秀吉の横暴を皮肉って町の人々が「天使突抜」と呼ぶようになったといわれている。また、「悪王子」は強く猛々しい王子の意で、スサノヲの荒魂《あらみたま》（和魂《にぎみたま》に対比される、神霊の猛々しい一面）を指している。その悪王子を祀る悪王子社があった場所が悪王子町と呼ばれ、それ以前にあった地は元悪王子町となった。現在は、悪王子神社は八坂神社の境内にあるが、境外摂社《けいがいせっしゃ》として元悪王子町にも小さな祠が祀られている。

一方、奈良市の「恋の窪」は、池田末則編『奈良の地名由来辞典』によれば、コイは「川《こ》」、クボは凹地を意味し、川の窪地の低湿地帯に由来するとされる。東京都国分寺市にも**東恋ヶ窪・西恋ヶ窪**という地名があり、西武国分寺線には**恋ヶ窪駅**がある。多摩川支流の野川は東恋ヶ窪に源を発していることから、こちらも語源は同根だろう。

3 「サクラ」や「イヌ」がつく地名 （本文二六ページ参照）

「サクラ」や「イヌ」がつく地名が、桜や犬のことを表しているとは限らない。ならば、なにに由来しているのかというと、鏡味完二・鏡味明克著『地名の語源』によれば、「佐倉」「佐久良」といったサクラ地名は、狭間を表す「サク」に関連するものが多いという。千葉県**佐倉市**の場合、市名の直接的な由来は江戸時代の佐倉藩の藩庁とされた佐倉城の城下町だったことによるが、そもそもこのあたり一帯は、印旛沼南岸の台地とそれを浸食した谷が展開するという地形をしているから、この「サク」関連をうかがわせる。変わり種としては、コニカ(現・コニカミノルタ)が国産初のカラーフィルム「さくら天然色フヰルム」を生産していた工場があったことにちなんだ東京都日野市**さくら町**《まち》という例もある。

「イヌ」がつく市名で知られる愛知県**犬山市**の地名由来については、犬山市観光協会は、①犬を用いて狩をするのに最適な土地であったから、②小野山《おのやま》という地名であったのが、「おのやま↓おぬやま↓いぬやま」となった、③尾張国開拓の祖神とされる大縣大神《おおあがた》を祭神とする大縣神社から犬山城が戌亥《いぬい》の方向(北西)にあたり、「いぬい↓いぬやま」と呼ばれるようになった、と諸説を紹介している。また、鹿児島市**犬迫町**《いぬざこちょう》は『角川日本地名大辞典』によると、犬が迷い込んで出られなくなるほど山が深く谷が複雑であることに由来しているという。

4　**ブランドあやかり地名**（本文三〇ページ参照）

ブランド地名の代表格といえば、銀座だろう。この地名を聞くだけで、高級・一流・老舗という華やかな繁華街のイメージが想起される。そうしたイメージにあやかろうと、「〇〇銀座」が全国に数多く存在するのはよく知られるところだが、平成十五（二〇〇三）年に二市二町の合併によって誕生した山口県周南《しゅうなん》市の旧・徳山市地区には、**銀座**は言うに及ばず、**有楽町**、**新宿通**、**青山町**、**千代田町**、**原宿町**、**代々木通り**、**代々木公園**など東京風の地名があふれている。また、東京の銀座には**みゆき通り**があるが、こちらには**御幸通り**が存在しており、東京の**麴町**に対して**糀町**と書く「こうじまち」もある。

福島県白河市の旧・大信《たいしん》村地区には、**田園調布**ならぬ**田園町府**がある。地名になった「田園町府ニュータウン」は、白河市と合併する以前の旧・大信村が平成四（一九九二）年から五年頃にかけて行政分譲地として造成した宅地だ。当初は「田園調布」と名づけようとしたが、東京の田園調布会に相談したところ難色を示されたため、文字違いの「田園町府」としたのだという。同地区には、**青山墓地**や**赤坂ニュータウン**もある。

5　**「いの町」のような地名**（本文三三ページ参照）

ひらがな地名の場合、地名が文章の中に埋もれてしまい、一目見ただけでは地名だとわかりにくくなることが多い。ひらがなの市名にひらがなの町名が重なるとなおさらである。

たとえば、茨城県**つくば市かみかわ**、**つくば市みどりの**、**つくば市大わし**、**つくば市あしび野**。ここでは地名を太字で表記しているからわかるものの、もし「つくば市にはかみかわやみどりのをはじめ、大わしやあしび野といった町がある」と書いてあったら、どこで区切ったらよいのか途方に暮れる。また茨城県**ひたちなか市**には、**はしかべ**、**道《どう》メキ**がある。「ひたちなか市はしかべ」もカギカッコなしではつらいが、「ひたちなか市道メキ」となると、「ひたちなか」「市道」「メキ」という三つの単語として目に飛び込んできて、地元の人か親戚縁者がいる人でなければ、初見でこの文字群を地名と認識することは難しそうだ。

東京都中央区**勝どき**、北海道北見市**とん田東町《でんひがしまち》**・**とん田西町**などのように、漢字とひらがなの交ぜ書きになっている地名も、語義がわかりにくい。「勝どき」の由来となったのは勝鬨橋であり、屯田兵のことは中学校の歴史教科書にも出てくる。本来なら、これらの地名も「勝鬨」「屯田」とすべきところなのだが、当用漢字の漢字制限を遵守して、表外漢字の「鬨」「屯」(「屯」はのちに常用漢字に入った)を用いない交ぜ書きの町名にされてしまった。

6　戦後の国語国字政策の影響（本文三六ページ参照）

かな書き地名が現れるようになった背景には、戦後の国語国字政策、すなわち「当用漢字」による漢字制限と漢字の平易化が大きな影響を及ぼしている。第一章の構成上、本文ではふれられなかったので、ここでその件について補足説明しておこう。

そもそも、戦前までは、漢字こそが権威ある正式な文字と考えられ、仮名は文字どおり「仮の文字」と位置づけられていた。当然、都市名は一部の例外を除いて漢字で表記されていた。ところが、敗戦によって価値観が一変。戦争に負けたのは、漢字が難しすぎて国民教育の弊害となっていたせいだとまで言われ、今から考えると暴論の極みなのだが、漢字を廃止してローマ字書きにしようなどという議論が真剣になされるようになる。かくして敗戦翌年の昭和二十一（一九四六）年、国民の誰もが難なく読み書きできる「わかりやすく平易な文字」に漢字を改造することをめざして当用漢字が制定された。

もっとも、当初、当用漢字の対象となったのは「法令・公用文書・新聞・雑誌および一般社会」であり、固有名詞については、「法規上その他に関係するところが大きいので、別に考えることとした」とされていた。つまり、人名も地名もその適用範囲からはずされていたのだ。だが、じつのところ、国語政策の当事者の間では、「地名の表記はかな書きにするしか解決法がない」という考え方が支配的で、昭和二十七（一九五二）年、国語審議会の建議を受けた内閣は、公用文を作成する際は「地名はさしつかえのない限り、かな書きにしてもよい」「さしつかえのない限り、当用漢字字体表の字体を用いる」といった方針を各省庁に通達している。

さらに、昭和二十八（一九五三）年に「町村合併促進法」の施行が決まると、かねてから「できるだけやさしく、読みちがいの起らないような名をつけるようにしたい」としていた国語審議会は、「全国の地名の中には、書き表し方をできるだけ早く改善する必要のあるものが多い。とりあえず、今度の合併によって新しく決定される市町村名について、この点につきじゅうぶんの考慮を払われることが適当であると考える」という意見を上申。その建議は関係部署へ周知され、合併後の市町村名に少なからず影響を与えることとなった。

そして昭和三十七（一九六二）年に施行された「住居表示に関する法律」においては、ついに法律の文言として「新たな町又は字の区域を定めた場合には、当該町又は字の名称は（中略）できるだけ読みやすく、かつ、簡明なものにしなければならない」と明記された。その後の改正で、できるだけ従来の地名に準拠せよ、とのくだりが加わったものの、戦後の地方行政の現場では、伝統的な地名表記はこうした平易化の圧力にさらされ続け、従来とは異なる文字意識によって市町村名がつけられていくようになったのだった。

昭和五十六（一九八一）年に当用漢字は廃止され、緩やかな「使用の目安」とされる常用漢字に移行した。だが、「平成の大合併」の折に、大量のひらがな地名が出現したのはご存じのとおり。それは、地名のひらがな化に対する心理的抵抗がそれだけ弱まっている証左であり、戦後の国語国字政策が地名に与えた影響がいかに大きなものだったかがうかがえる。

7 国語審議会にダメ出しされた地名（本文三六ページ参照）

前項で紹介した、昭和二十八（一九五三）年の「町村合併促進法」施行時に国語審議会が提出した建議書には別紙が添付され、国語政策の立場から「望ましくない」と考えられていた難しい地名例がリストアップされていた。いったいどんな地名が国語審議会から問題視されていたのか、そこに掲載された地名を紹介する（カッコ内で示した地名は、現在その名を継承している町域名で、必ずしも当時の町村域と一致するものではない）。

・難しい漢字が用いられている例――**豆酘《つつ》村**（現・長崎県対馬市厳原町《いづはらまち》豆酘）、**頴娃町《えいちょう》**（現・鹿児島県南九州市頴娃町）、**中埣村《なかぞね》**（現・宮城県遠田《とおだ》郡美里町《みさとまち》中埣）、**羽咋町《はくい》**（現・石川県羽咋市）、**棡《ゆずり》原《はら》村**（現・山梨県上野《うえの》原《はら》市棡原）、**呰部町《あざえちょう》**（現・岡山県真庭《まにわ》市上呰部・下呰部）。

・文字は易しくても、読み方の難しい例――**学文路《かむろ》村**（現・和歌山県橋本市学文路）、**挙母《ころも》市**（現・愛知県豊田市挙母町）、**間人町《たいざちょう》**（現・京都府京丹後《きょうたんご》市丹後町間人）、**行方《なめかた》村**（現・茨城県行方《なめがた》市行方）。さらに、**神戸**はコウベ（兵庫県）、カンベ（三重県）、カンド（鳥取県）、ジンゴ（岡山県）、カノト（東京都）のほかコウト、ゴウドとも読まれて難しいと指摘されている。

なお、「地名の書き方を平易にした例」として国語審議会のお眼鏡にかなった地名は、**ちの町《まち》**（現・長野県茅野市ちの）。また、東京都の新二十三区名の選定の折に、無理読みの熟字訓を用いる「飛鳥区」「春日区」案を退けて、それぞれ**北区**、**文京区**としたことも評価されている。

8　難読地名をもつ自治体のキャンペーン（本文三九ページ参照）

さまざまな思惑を秘めてひらがな地名の自治体が急増している中、「読めない、書けない、どこにあるかわからない」などと言われる難読地名を逆手にとって、キャンペーンに打って出た自治体もある。兵庫県**養父《やぶ》市**。平成十六（二〇〇四）年に養父郡の八鹿町・養父町・大屋町・関宮町の四町が合併して発足したこの市は、「ようふ」「ようぶ」などと間違われることが多く、埼玉県の「秩父」と混同して「ちちぶ」と読む人もいるという。そこで、養父市は平成二十七（二〇一五）年八月十一日付の朝日新聞朝刊に「養父市はようちち市へ、生まれ変わりません。」という大活字のキャッチコピーが躍る全面広告を掲載。市の観光事業や国家戦略特区（農業特区）の新たな取り組みをＰＲして、「なにかと読めないまち養父市」キャンペーンを繰り広げた。また、下手な医師を意味する「やぶ医者」は、もともとは養父にいた名医を語源とするという説にちなんで、平成二十六年からは僻地医療に尽力する医師を顕彰する「やぶ医者大賞」を実施しており、あの手この手で「なにかと読めない養父市」の魅力を発信している。

難読地名といっても、一度読み方を覚えてしまえば、難しい読み方であればあるほど、かえって印象に残る。しかも、その漢字と読みのズレに興味を引かれて、その土地について知るきっかけにもなる。逆転の発想で難読地名を市のブランド力強化につなげた好例といえよう。

また、竹内正浩著『日本の珍地名』（文春新書）の中の「難読・誤読地名番付」で、東の横綱と認定された千葉県**匝瑳市**《そうさ》と、西の横綱とされた兵庫県**宍粟市**《しそう》も、ともに手をたずさえて難読地名を活かしたプロモーションを平成二十四（二〇一二）年から展開している。

9　企業名を冠した地名（本文三九ページ参照）

先の「国語審議会にダメ出しされた地名」で紹介した愛知県挙母《ころも》市は、現在は**豊田市**《とよた》に改称されている。豊田市といえば、言わずと知れたトヨタ自動車のお膝元である。挙母という地名は奈良時代からの歴史をもつ由緒あるもので、昭和二十六（一九五一）年の市制施行後も挙母市と称していたが、経済成長にともなってトヨタ自動車が事業を急速に拡大させると、「挙母が読みにくい」「長野県の小諸《こもろ》と混同されやすい」「クルマの町として全国にアピールしたい」との理由から、昭和三十四（一九五九）年に豊田市と改称された。このとき町名も変わり、本社所在地の表示は「挙母市大字下市場字前山八番地」から、トヨタ尽くしの鉄壁の企業地名「豊田市トヨタ町《ちょう》一番地」へと、ガラリと変貌を遂げた。

企業名が市の名前になっているのは豊田市だけだが（茨城県**日立市**も日立製作所の創業の地として知られているが、こちらは地名由来の企業名）、企業名からつけられた町名は全国にたくさんある。まず、大阪府池田市にはダイハツ工業にちなんだ**ダイハツ町**《ちょう》がある。また、平成二十九

（二〇一七）年に社名をSUBARUに変更した富士重工業の群馬製作所本工場がある群馬県太田市では、平成十三（二〇〇一）年から工場敷地を**スバル町**《ちょう》としている。大手電機メーカー関連地名としては、松下電器産業（現・パナソニック）ゆかりの**松下町**《ちょう》が大阪府の茨木市と守口市にあるし、東京都府中市**東芝町**《ちょう》、神奈川県川崎市幸区**小向東芝町**、大阪府茨木市**太田**《おおだ》**東芝町**も東芝にもとづく地名だ。

ほかにも、北海道旭川市には山陽国策パルプ（現・日本製紙）にちなむ**パルプ町**《ちょう》、宮城県仙台市青葉区にはニッカウヰスキーの宮城峡蒸溜所の所在地である**ニッカ**、山口県山陽小野田市と大分県津久見市には小野田セメント（現・太平洋セメント）ゆかりの**セメント町**《まち》がある。

10 「清哲村」のような合成地名（本文六〇ページ参照）

柳田國男が驚いた**清哲村**のようなアクロバティックな合成法によって誕生した地名としては、ほかにも兵庫県赤穂《あこう》市**鶴和**《てんわ》や長野県安曇野《あずみの》市**豊科**《とよしな》が挙げられる。「鶴和」は、明治九（一八七六）年に眞木《まき》村と鳥撫《となで》村が合併した際、「眞」と「鳥」をそれぞれ偏と旁にして「鶴」という漢字に合体させ、さらに両村が和すことを願って鶴和村と命名されたものだ。

「豊科」のほうは、明治七（一八七四）年に上鳥羽《とば》村・下鳥羽村・吉野《よしの》村・本《ほん》村・成相町《なりあいまち》村・成相新田町《しんでんまち》村が合併してできた村だが、そのうちの「鳥羽」「吉野」「新田」「成相」の頭の一音ずつを「ト・ヨ・シ・ナ」と順番に並べたもので、「豊科」という漢字は単なる当て字である。とはいえ、やみくもに字を当てたわけではなく、信濃には蓼科《たてしな》、倉科《くらしな》、仁科《にしな》など、「科」のつく地名が多いことを踏まえて、「シナ」の音に「科」を使用していかにも信濃風の地名に仕上げている。古地名のようで紛らわしいが、その紛らわしさは、合併で消える運命にある地名をなんとか残し、なおかつ、できるだけ〝地名の景観〟に即した新地名にしようと腐心した郷土愛の結果でもあったのだろう。

11　渡来人にちなんだ地名（本文八二ページ参照）

渡来人に関して、『日本書紀』『続日本紀』には、たとえば次のような記述が見える。

- 天智天皇五（六六六）年、百済《くだら》人の男女二〇〇〇人あまりを東国に移住させた。
- 持統天皇元（六八七）年、みずから帰化してきた高麗人《こまびと》五六人を常陸国に、新羅人《しらきひと》一四人を下毛野国《しもつけののくに》に、新羅の僧侶及び百姓の男女二二人を武蔵国に居住させ、生活ができるようにした。
- 霊亀二（七一六）年、駿河・甲斐・相模・上総・下総・常陸・下野七カ国の高麗人一七九九人を武蔵国に移し、高麗郡を設置した。
- 天平宝字二（七五八）年、日本に帰化した新羅の僧三二人、尼二人、男一九人、女二一人を武蔵国に移住させ、新羅郡を置いた。

このように古代においては高麗（高句麗）、新羅などの出身地にちなんで、新しい郡が設置された。そうした渡来人ゆかりと思われる地名が現在まで残っている。古名では「こま」と呼ばれた高麗からの渡来人に由来するとされているのは、神奈川県中郡大磯町**高麗**《こま》、埼玉県日高市**高麗川**・**高麗本郷**など。さらに、「こま」には「巨摩、巨麻、狛」などの文字が当てられることもあり、東京都**狛江市**も「高麗の人が住む入り江」から「狛江」になったという説が伝わっている。京都府木津川市山城町**上狛**《かみこま》の高麗寺《こまでら》跡には、「狛」と「高麗」がダブルで残る。埼玉県**新座**《にいざ》**市**の名も、武蔵国新羅郡が平安時代に改称され、新座郡《にいくら》となったものに由来している。

また、五世紀末にやってきた秦氏《はたうじ》（国名「秦」の音読「シン」→訓読「はた」）と漢氏《あやうじ》（国名「漢」のカン→あや）という有力な渡来系民族にちなむ地名も多く残っている。秦氏に関係するのは、**秦**、**幡多**、**羽田**、**幡**など。京都市右京区の**太秦**《うずまさ》も、秦酒公《はたのさけのきみ》が絹を「うずたかく積んだ」ことに由来するといわれている。漢氏にちなんでいる地名としては、**綾部**、**綾瀬**、**綾野**などがある。

京都府**綾部市**は、古代には丹波国漢部《あやべ》郷と呼ばれており、漢氏の配下の部民である漢部が居住していたとされる。ただ、神奈川県**綾瀬市**のほうは、川の支流（瀬）が綾をなしているので「綾瀬」となったとする説などもあり、ここで紹介した文字が用いられているからといって、みな渡来人由来と即断することはできない。地名は一筋縄でいくものではないのだ。

12　古代部民にちなんだ地名（本文八八ページ参照）

古代、高度な技能をもつ技術集団はその専門職をもって「〇〇部《べ》」と呼ばれていた。そこから彼らの居住地はその「部」の名前で呼ばれるようになり、それがのちに苗字にもなっていくのだが、これが漢字検定上級クラス並みに難しい。いくつか例を挙げると、「陶部＝すえべ」「土師部＝はじべ」「弓削部＝ゆげべ」「麻績部＝おみべ」「錦織部＝にしごりべ」「倭文部＝しとりべ」などがある。これらが由来となった岐阜県瑞浪《みずなみ》市**陶町**《すえちょう》、茨城県笠間市**土師**《はじ》、岡山県久米郡久米南町**上弓削**《かみゆげ》、長野県東筑摩郡**麻績村**《おみ》といった地名は、それなりの知識がないと読めそうにない。世界的に大活躍しているテニスプレーヤーの錦織圭《にしこり》選手のおかげで、「錦織」は読める人が多いかもしれないが、それさえも錦織選手は「にしこり」なのに対して、「錦織部」は「にしごりべ」と濁音。さらに地名では、宮城県登米《とめ》市東和町**錦織**は「にしきおり」、滋賀県長浜市**錦織町**は「にしこおり町《ちょう》」となっていて、読みが微妙に違う。

苗字や地名としてもよく知られる服部も、もともとは部民の一つで、衣服の製造をつかさどっていた。現代では「はっとり」と読むのが主流だが、部民制においては、通例では「はとりべ」と読む。この仕事では衣服の製造には糸から布をつくる「機織り」が必須となるため、もともとは「ふくべ」とも「はたおりべ」とも呼ばれた。それが「はたおりべ」↓「はとりべ」↓「はっとりべ」↓「はっとり」と変化したといわれている。

やはり苗字で知られる伊福部（いふくべ、いおきべ）も、古代には金属の精製・加工にたずさわっていた部民名がルーツである。岡山県岡山市北区伊福町《いふくちょう》はこの伊福部に由来するとされる。

なお、古代の先端技術である製鉄に関係する地名としては、部民の伊福部に由来するものだけでなく、**多々良**《たたら》、**金原**《かなばら》、**鉄穴**《かんな》、**吹屋**なども知られている。

13 朝鮮語に関係する地名（本文八九ページ参照）

「磯城」が朝鮮語の「シキ（城・砦）」にもとづくという説があるように、朝鮮語に由来するとされる地名も残っている。長崎県の壱岐島《いきのしま》には、**東触**《ひがしふれ》、**西触**《にしふれ》、**本村触**《ほんむらふれ》、**牛方触**《うしかたふれ》、**大浦触**《おおうらふれ》など、「触《ふれ》」とつく地名が多く、これらは朝鮮語で村を意味する「プリ」または「プル」に由来するのではないかという専門家が少なくない。また、**小折**《こおり》、**桑折**《こおり》、**古保利**《こほり》、**郡**《こおり》などと表記する「コリ・コーリ」地名も、朝鮮語の「コホル」（大きな村の意）からきているという説もある。

しかし、一方で、吉田茂樹氏が『地名の由来』（新人物往来社）で、「触」が渡来人による地名なら、渡来人が多く来住した古墳時代から古代にかけての古地名でなければならないのに、近世に突如として出現することからして、「古代渡来者の命名ではあるまい」と述べているように、「触」は日本語地名とする意見も根強い。古代日本において渡来文化の影響が大だったことは間違いないが、そうだとしても、同じ音をもつ地名の中でどれが朝鮮語由来で、どれが日本語のもので、どれが転化語なのか、見極めるのは容易ではないのも、また事実である。

ちなみに、「ナラ」についても、朝鮮語で国を表す「ナラ」が語源だとする説が一部にあるが、全国各地のナラ地名は平地や緩やかな傾斜地によく分布しており、「ナラ」地名は平《たい》らにナラされた所というのがほぼ定説となっている。古都の奈良市の場合は、『日本書紀』崇神天皇十年九月条に「草木を蹢跙《ふみなら》す。因《よ》りて其の山を号《なづ》けて、那羅山《ならやま》と曰《い》ふ」という記述があり、なだらかに続く丘陵（平山《なら》）を指しているとされる。

14 地名から発見された平城京跡（本文一〇二ページ参照）

本文では、『出雲国風土記』の大原郡神原《かむはら》郷の条に残る地名起源譚が意外にも「まこと（真事）」を伝えていたことを紹介したが、じつは平城宮跡発見のヒントとなったのも、「大黒の芝」という地名であった。現在では第一次大極殿や朱雀門、東院庭園などが復元され、平成二十二（二〇一〇）年には遷都一三〇〇年祭が晴れやかに開催された平城宮跡。しかし、都が京都の長岡京に移り、続いて平安京に移ってからは、かつて栄華を誇った都の跡はすっかり土の下に埋もれ、ただの田畑と化していた。そんな中、明治三十二（一八九九）年に奈良県技師の関野貞《ただし》氏が、田んぼの一隅に「大黒の芝」と呼ばれる小高い草地があることを知り、「ダイコク」から「大極」を連想して調査を開始して、大極殿の基壇を発見したのだった。

以降、地元の人々が熱心に保存運動に取り組み、やがて昭和二十七（一九五二）年に平城宮跡は国の特別史跡に指定されて、昭和三十四(一九五九)年からは奈良文化財研究所によって本格的・継続的な発掘調査が行われている。そして平成十(一九九八)年には、「古都奈良の文化財」としてユネスコの世界遺産に登録されたわけだが、わずか一〇〇年ほど前までは、その痕跡はわずかに小地名に残るのみだったのである。

15 排泄物を由来とした地名(本文一〇六ページ参照)

姫が「ほと(陰部)」を箸で突かれて死んでしまったことから「箸墓」を呼ばれるようになったという話もかなり面妖《めんよう》だが、『古事記』には、さらにその上をいく奇々怪々な地名起源譚が残されている。崇神天皇の「タケハニヤスの反逆」の段に出てくる「久須婆《くすば》」という地名が、排泄物に由来するというのである。

崇神天皇に対して、タケハニヤスが叛乱を起こした。討伐を命じられたオホビコ率いる軍とタケハニヤス軍は山代の和訶羅河《わからかわ》(現在の木津川)を挟んで対峙し、両軍の戦が始まる。ところが、開始早々タケハニヤスがあっけなく死んでしまい、大将を失って軍勢は総崩れとなる。逃げ惑うタケハニヤス軍の兵たちは川の渡し場に追い詰められ、恐ろしさのあまり、みなが屎《くそ》を漏らして褌《はかま》を汚してしまった。それでこの地を「屎褌《くそばかま》」と言うようになり、今は訛って「久須婆《くすば》」と呼んでいる——と、『古事記』に記されている。

この「屎褌」改め「久須婆」は、現在の大阪府枚方《ひらかた》市の淀川べりにある楠葉《くずは》のことだろうとされている。故事にこじつけるにしても、いったいどうしてこんな話に由来を求めたのか、首を傾げたくなるが、「神生み神話」を思い起こすと、カグツチという名の「火の神」を生んだことでイザナミは女陰を火傷して体を病み、苦しみもがいて大小便を失禁して、ついには死んでしまう。その際、吐瀉物や大便、小便から次々に神が生まれたとされている。考えてみれば、日本神話では、排泄物からも神が生まれるのである。さらに『古事記』には、このとき尿から生まれたワクムスヒ（和久産巣日神）がのちにトヨウケビメ（豊宇気毘売神）を生んだとある。「ウケ」は食べ物のことで、その名も「豊かな食べ物の女神」という意味の神である。

つまり、排泄物は単なる汚物にあらず。それは生命の恵みの循環の中にある、と古代びとは考えていたのだ。そう踏まえてみると、「屎褌」の地名起源譚は、子供じみた滑稽な小噺ではなく、じつはたいそう意味深長なものだったのではないかと思えてくる。

16 「一口」に匹敵する屈指の難読地名（本文一一五ページ参照）

「一口」と書いて「いもあらい」と読むような難読地名は、全国津々浦々に数知れず。珍しい地名に出会うと、その字でどうしてそんな読みになったのか、いったいどんな由来があるのか、興味をかき立てられるという人は多かろう。そこで、用字は難しくないのに読み方が難しい地名を思いつくままに紹介しておこう。それぞれ由来に諸説あり、説明しだすときりがないので、ここでは地名を挙げるにとどめるが、これだけでも〝地名の森〟の奥深さは十分伝わるはずだ。

・汗（ふざかし）栃木県河内《かわち》郡上《か》三川町《みのかわまち》西汗・東汗
・丁（よろ）兵庫県姫路市勝原区丁
・的（いくわ）佐賀県神埼《かんざき》市神埼町《まち》的
・温（ゆたか）長野県安曇野市三《み》郷《さと》温
・未明（ほのか）島根県安来《やすぎ》市伯太町《はくたちょう》未明
・美守（ひだのもり）新潟県妙高《みょうこう》市美守
・人里（へんぼり）東京都西多摩郡檜原《ひのはら》村人里
・蛇穴（さらぎ）奈良県御所《ごせ》市蛇穴
・及位（のぞき）山形県最上郡真《ま》室川町《むろがわまち》及位
・左沢（あてらざわ）山形県西村山郡大江《おおえ》町《まち》左沢
・無音（よばらず）山形県鶴岡市無音
・且来（あっそ）和歌山県海南市且来
・投松（ねじまつ）兵庫県加古川市志方町《しかたちょう》投松
・放出（はなてん）大阪府大阪市鶴見区放出東
・母衣（ほろ）島根県松江市母衣町
・神鳥谷（ひととのや）栃木県小《お》山《やま》市神鳥谷

17　古語が保存されている難読地名（本文一一七ページ参照）

前項で紹介したような、字面と読みがかけ離れた地名の仲間かと思いきや、じつは現代では使われなくなった古い言葉が保存されている地名だったというケースも少なくない。たとえば宮崎県延岡市**行縢町**《むかばきまち》。初めて目にした人はどう読むのか想像もつかないだろうが、この語句は国語辞典に載っているレッキとした普通名詞で、遠出の外出や狩りなどで馬に乗る際に、腰から前面に垂らして両足の覆いにした毛皮のことをいう。現在でも、馬を走らせながら弓を射る流鏑馬《やぶさめ》の装束に実際に使われている。

岐阜県岐阜市や佐賀県唐津市、大分県中津市など、全国の城下町や港町に点在する**水主町**《かこまち》の「水主」も、今ではなじみのない言葉だ。「水主」とは船を操る水夫のことを指し、水主衆の住む町が水主町と呼ばれていた。「カコ」の音は舵をとる人を意味する「舸子《かこ》」からきているとされるが、現代人にとっては、「水主」を「かこ」と読むことはもはや難しい。そのため広島県広島市中区では、昭和四十（一九六五）年に読みやすい**加古町**に文字変更している。また、愛知県名古屋市中村区では住居表示実施に伴って廃止され、現在は**名駅南**《めいえきみなみ》という味もそっけもない地名に変更されてしまった。

ほかにも、大阪府富田林《とんだばやし》市**彼方**《おちかた》、兵庫県篠山市**遠方**《おちかた》は、遠くの方を意味する古語の「をちかた」を「彼方・遠方」と書くことに由来。静岡県浜松市天竜区春野町砂川《はるのちょういさがわ》は、古くは砂のことを「いさご」と言ったことからきている。

18 アイヌ語起源の地名（本文一二六ページ参照）

北海道に難読地名が多いのは、かの地の地名がアイヌ語を起源としていることによる。たとえば、**稚内**《わっかない》は冷たい水の出る沢を意味する「ヤム・ワッカ・ナイ」、**札幌**《さっぽろ》は乾いた大きな川を意味する「サッ・ポロ・ペッ」というアイヌ語に由来するとされる。また**登別**《のぼりべつ》は「ヌプル・ペッ」（色の濃い川）、**小樽**《おたる》は「オタ・オル・ナイ」（砂の中の川）からきている。これらは、アイヌ語の音に漢字を当てたものである。

ほかに、アイヌ語の意味をもとに、それを和訳して漢字を当てた地名もある。北海道空知《そらち》地方にあって石狩川と空知川の合流点に発達した**滝川**《たきかわ》は、空知川の語源であるアイヌ語の「ソ・ラプチ・ペッ」（滝が勢いよく流れ落ちる川）を意訳したことによる。言うまでもなく、空知川の**空知**は、その音をそのまま漢字に移し替えたものだ。つまり、滝川と空知は、もとは同じアイヌ語からきている地名なのである。

一方、アイヌが呼んでいた音とはまったく関係ないものに改変させられた地名もある。たとえば**函館**《はこだて》の古名は「うすけし」といい、「宇須岸」「臼岸」などと書かれていたが、室町時代に津軽の豪族がそこに館を建て、その館が箱に似ているところから「はこだて（箱館）」と呼ばれることになったといわれている（「函館」と改称されたのは明治時代）。また**千歳**《ちとせ》は、かつては谷間を流れる現在の千歳川からアイヌ語で「シ・コッ」（大きな・窪み）と呼ばれていたが、江戸時代後期の箱館奉行が「シコツ」の音が「死骨」に通じて縁起が悪いとして、この地に鶴がよく飛来することから、鶴は千年にあやかって「千歳」に改名されたという。「シコツ」の名は、わずか**支笏湖**に残るのみである。

19　沖縄方言から生まれた地名（本文一二六ページ参照）

本文では、やまとことばの声の記憶を追いかけて地名を手繰り寄せていたため、異なる歴史をたどってきたアイヌや琉球の歴史にはふれなかったので、沖縄の特有の地名文化も紹介しておこう。文字をもたなかったアイヌと異なり、琉球王国では古くから漢字が沖縄独特の読みを当てて用いられていた。たとえば、中頭《なかがみ》郡**中城村**《なかぐすくそん》、**豊見城市**《とみぐすく》など、「城」と書いて「ぐすく」と読む地名はよく知られている。また、名護市**東江**《あがりえ》や与那国島《よなぐにじま》の**東崎**《あがりざき》は「東」を「あがり」、与那国島の**西崎**《いりざき》や**西表島**《いりおもてじま》は「西」を「いり」と読む。これらは、琉球の言葉で聖地のことを「ぐすく」、東から太陽が昇ることを「あがり」、西へ太陽が沈むことを「いり」と言うことによる。さらに**那**《な》**覇**《は》は、漁場を表す「なふぁ（なば）」からきているとされる。

中頭郡**北谷町**《ちゃたんちょう》が「ちゃたん」と呼ばれるのは、町教育委員会によれば、鹿児島方言で「タン」は谷の意味を示すもので、もともとは「キタタン」に「北谷」の漢字が当てられていたが、「きたたん」が「きちゃたん→ちちゃたん→ちゃたん」と変化していったものと考えられているという。国頭郡《くにがみ》**今帰仁村**《なきじんそん》も、「いまきじん」から音韻変化したもののようである。

こうした独特の地名は、沖縄文化を伝える貴重な財産といえるものなのだが、平成六（一九九四）年に町制施行された際に**与那城**の呼び名が「よなぐすく」から「よなしろ」に変更されるなど（現在は合併によって**うるま市**になり、町域名にのみ与那城《よなしろ》の語が残る）、沖縄の地名にも均質化の波が押し寄せている。

20　地形にもとづく自然地名（本文二六・一六六ページ参照）

最も古いタイプの地名は地形や地質などにもとづく自然地名だが、その中でとくに多いのが川にちなむ地名だといわれている。縄文人は水利に近い丘陵地を好み、水田稲作農業を営むようになった弥生時代以後は、人々は水田に近い平野部や台地上に集落を形成しており、居住適地は異なるものの、人間が生活していくために欠かせないのが水。水の供給源として重要だった川にちなんだ地名が多くなるのは当然であろう。

もっとも、「川」「河」「江」がつく地名のような、一目でそれとわかるものばかりではない。

用字もさまざまに変化しているので、現代人には川（水）に関わる地名だとは思えないようなものもある。たとえば、**登呂**《とろ》（静岡市駿河区登呂）、**土呂**《とろ》（さいたま市北区土呂町《ちょう》）、**都呂須**《とろす》（旧・大阪府吹田市都呂須町、現・内本町）・**土路**《どろ》（新潟県妙高市土路）という地名も川に関わるもので、水流が滞ってよどむ所を意味する「トロ」にこうした漢字が当てられたと考えられている。埼玉県秩父郡の**長瀞**《ながとろ》や茨城県笠間市の**長兎路**《ながとろ》も、このトロ地名である。また、川が出合う所には「オチアイ」（落合）、「カワイ」（河合・川合・川井など）、「アイカワ」（相川・合川・鮎川・愛川・藍川など）といった地名がつけられている。意外なところでは、東京都豊島区の**池袋**や中野区の**沼袋**などの「フクロ（袋）」も、川にちなむ地名とされている。地形が袋のような盆地状の窪地になっていて、そこに多くの池や沼があったことに由来するという。

川以外にも、山、谷、沢、森、野原など地形にちなんだ地名も多く見られる。「谷」と「沢」の違いについては本文で書いたが、古代においては「野」と「原」も異なる地名を指していたとされる。「原」は「平《ひら》」「開《ひら》」と同根の語で、平らな開けた地に、一方の「野」は山際の地域に見られ、先史時代の人々が細かな地形事情を把握して地名をつけていたことがうかがえる。

21　崖地名のバリエーション（本文一六六ページ参照）

同じ地形に由来する自然地名のバリエーションとして、本文では湿地地名を紹介したが、地形や地質のありようは命の危険にも直結するシビアな関心事である。当然、崖崩れが起きやすい場所などには厳しく注意が払われていたから、崖地名、山崩れ地名にも、次のようにさまざまなものが見られる。

・ヌケ・ヌゲ――山抜け、山崩れの跡を表す。一部分が抜けてしまった場所の意。崩れるという意味もある。抜谷、抜沢、崩田《ぬげた》、崩出《ぬげで》など。

・ノゲ――「ヌケ・ヌゲ」同様、抜けの意で、崖崩れ、土崩れの地形を表す。野毛、野芥、芒、能解など。

・ツエ――「潰《つ》え」で、かつて崩落した土地を意味する。津江、杖立《つえたて》、杖突《つえつき》、明杖《あかづえ》など。

・ホキ・ホギ――崖地を表す。伯耆、保木、法木、宝亀、宝来、宝喜、豊来など。

・ホケ――崖地を表す。法花、甫家、法華、宝慶など。第四章で紹介した大歩危《おおぼけ》・小歩危《こぼけ》も同系である。

・ハガ――崖地を表す。羽賀、芳賀、羽下など。

・ハケ――崖地を表す。波気、波介、八景、羽毛など。

・クエ――崖地を表す。「クエ」は「崩れ」に通じる。久江、久枝、久恵、九会など。

22　地名に隠された警告（本文一六六ページ参照）

前項で紹介した崖地名や山崩れ地名などには、危険を知らせる先人たちのメッセージが込められている。しかし、「抜」「崩」などの文字が使われていたら、現代人にもすぐに崖地名だとわかるものの、ホキ・ホギが「宝亀」「豊来」というように、縁起を担いでおめでたい漢字の瑞祥地名に変わっていたり、名僧が地面に杖を立てたことから「杖立」となった、などという地名伝承が伝わっていたりすることがあるので、注意が必要だ。

近年では、**蛇崩**《じゃくずれ》や**蛇抜**《じゃぬけ》といった「蛇」や「竜」のつく地名が水害を示唆しているのは、一般に知られるようになってきたが、のどかな動物や植物の名がついている地名も、意外に災害地名である場合が多い。たとえば、「牛」のウシには、古語の「憂し」（つらい、うらめしい）の意味が隠れており、不安定で崩れやすい土地を表して、過去に災害に襲われた場所の地名になっている場合がある。地名研究家の中根洋治氏によれば、▽くり抜かれやすい土地には「栗」、▽欠けるところには「柿」、▽傾《かし》ぐ土地には「樫・柏」、▽土砂が流れ去る地形には「猿」、▽塞ぐ地形には「兎」などの漢字が当てられることが多い、という（谷川健一編『地名は警告する――日本の災害と地名』冨山房インターナショナル）。また、地名研究家の楠原佑介氏はほかにも、▽「梅」は「埋」に由来し、土砂崩れにより砂が堆積した土地である可能性がある、▽「萩」は「剝ぐ」に由来して、表面が剝がれ落ちるような、斜面の崩落が盛んな土地を示す場合がある――など、多数の注意すべき地名を紹介している（『この地名が危ない――大地震・大津波があなたの町を襲う』幻冬舎新書)。

ただし、これまで何度も述べているように、用字や読み方だけで機械的に地名の意味を判断するわけにはいかない。これらはあくまで目安として、その土地の実際の地形や過去の災害記録などと合わせて調べることが大切だ。なお、農林水産省の農村振興局農村環境課が平成二十(二〇〇八)年十二月に作成した「地すべり災害を予防・軽減するための活動の手引き―住民の皆さんができる地すべり対策―」(左記URL)の中に、「地すべりに関係すると考えられる地すべり地の地名など」と題した表が収められており、防災の手がかりになる地名がリストアップされているので、気になる方は確認しておくとよいだろう。

http://www.maff.go.jp/j/nousin/noukan/tyotei/t_zisuberi/pdf/yobou_tebiki.pdf

23 歌枕という「らいふ・いんできす」(本文一七六ページ参照)

古代には、土地には国魂が宿ると信じられていた。古代びとにとって、地名はその土地の国魂と固く結びついたものとされ、現存最古の歌集『万葉集』には、そうした地名を詠み込んだ歌が数多く収録されている。それらの地名はやがて和歌にうたわれる名所、すなわち「歌枕」として定着していった。

今、歌枕というと、古人の和歌に詠み込まれた名所旧跡のことを指し、歌枕となった地名を詠むだけで、「吉野」なら桜か雪、「竜田」なら紅葉というふうに、誰もが共通に抱く情緒的イメージを表現できる、言わば和歌の表現技法のように捉えられている。だが、折口信夫によれば、「枕」というのは、神霊が一時寓する神座のことであり、歌枕の「枕」（枕詞の「枕」も同様）も、神霊が寄りつく座を意味していた。つまり、歌にとって生命とも見える大切なものなるがゆえに、「歌枕」と称されたのである。

かの松尾芭蕉の『おくのほそ道』も、**日光、白河の関、武隈《たけくま》、塩釜、松島、最上川、象潟《きさかた》**と、みちのくの歌枕を訪ねる旅だったといわれている。旅を始めた元禄二（一六八九）年は、ちょうど西行の五百年忌にあたっていた。かつて西行が先人を慕って歌枕をめぐったように、芭蕉もまた敬愛する西行や能因《のういん》の足跡を追って旅に出た。すぐれた歌にうたわれた歌枕の地名には、その地がたどってきた歴史とともに、いにしえに歌を詠んだ古人の感慨や歌心、おおげさにいうと魂が結びつけられている。歌枕も、まさしく「らいふ・いんできす」であった。

あとがき

本書の構想は、序章でも述べたように、前著『キラキラネームの大研究』を執筆する中で生まれたものである。〝名づけの森〟はじつに奥が深い。名前というのは、言葉によって名づけられたものである以上、否応なく、この国固有の言葉である日本語に根を下ろし、日本の社会や文化の影響のもとに存在している。つまり、人名にしろ、地名にしろ、名づけられた名前の背後には、物事についての伝統的な経験や認識が分厚く貼りついており、その見かけのささやかさからは想像できないほどに、奥の知れない広がりを有している。人名も、地名も、そんな〝名づけの森〟の複雑な生態系の中で生まれた、名づけられしものたちである。

名前は、人が世界と関係を結ぶ、まさに要《かなめ》の部分に位置するものだ。人間は名づけることで世界とつながり、名前を知ることで世界を認識する。いや正確には、することができた、と過去形にするべきだろう。原初的社会から遠く離れた今、私たちはもはや、事物の名前を知るだけでは世界を理解することができない。現代においては、先人たちの経験や歴史が刻み込まれた名前はすっかり摩耗して、事物の表面に貼られたシールにすぎないものとなり、名前をどれほどコレクションしたところで、核心にふれることはできなくなっている。ことに地名は単に場所を示す記号と化し、地名の本来の姿が私たちには見えなくなってしまっている。

人は昔と変わらず、今も大地の上に暮らし、大地に育まれているのに、現代人と大地との「臍の緒」（谷川健一）は切れかかっている。柳田國男が言うように、地名が「人と天然との交渉の記録」であるならば、大地に刻まれた本当の地名を知りたい。そこに込められた先人たちの心のありようを理解したい。そう願って始めた〝地名の森〟のフィールドワークであった。

本書を書き終えた今思うのは、それは、現在に伝わる地名を手がかりにして、私自身が生きる場としての地名世界を再構築しようとする試みだったようにも思う。民俗学、歴史学、考古学、人類学など多様な分野を横断した末に、終章が私の内的体験に収斂《しゅうれん》していったのは、それゆえのことであろう。

また、地名を手繰り寄せて日本人の心の古層を探っていくことは、地名の上に積み重なる層を次々に剝ぎ取り、時間軸を過去にさかのぼる作業でもあった。だが、より深く奥へ奥へと進むことに重きを置くと、地名世界の多様性や豊饒さを十分に伝えきれない憾《うら》みが生じる。種々の地名群が〝地名の森〟のそこかしこで独特の花をつけているのはわかっていても、古層をめざすためには、それらにふれずに通り過ぎざるを得ない場面も多々あった。そこで、構成上、本文でふれられなかった事柄について補足説明する補註を付録としてつけることにした。補註と称しながら、まるで追加の章のような体裁とボリュームをもつものを巻末につけるというのは、あまり見かけないスタイルではあるが、縦軸の視点中心の本文に、横軸の地平を視座とする付録が加わったことで、地名世界の厚みが表現できたのではないかと考えている。

本書がどこまで地名世界の核心に迫れたかは読者にご判断いただくほかないが、もしもこの小さな本が、読者の皆様にとっても、「地名と日本人」について思いをめぐらす一助となれたら望外の幸せである。なお、私が身の程をわきまえずに試みたフィールドワークは、先達の専門家の研究成果を道標にしたものである。優れた研究を咀嚼《そしゃく》しきれずに、誤謬《ごびゅう》や思い違いをしていることもあろう。皆様のご叱正を仰ぎたく思う。

末筆になったが、前著から引き続き担当してくださった新潮社の寺島哲也氏には、貴重なご助言を随所で頂戴した。また、本年は新潮選書の創刊五〇周年にあたると伺っている。かような節目の年にラインナップに加えてくださった中島輝尚編集長のご判断もありがたく、両氏には衷心より感謝申し上げる次第である。さらに新潮新書編集部の門文子氏にもお心遣いをいただいたほか、同社の校閲部など皆様がお力を尽くしてくださったおかげで本書が世に出ることができた。図版の収載に際しても、関係各位に格別なご高配を賜った。本書の成立と出版を支えてくださったすべての方々に、この場をお借りして、心から御礼を申し上げる。

二〇一七年六月吉日

伊東ひとみ

主要引用・参考文献

本書は、先覚の諸氏が積み重ねてこられた膨大な研究成果の上に成立している。執筆にあたって学ばせていただいた書物や論文は数え切れないが、紙幅の制約により、ここでは直接的に関連のあるものに限らざるをえなかった。非礼に対してご寛恕を請いたい。なお、「地名全般に関するもの」として掲示した文献については各章の欄では割愛し、「各章」欄においても、複数の章にまたがる場合は最も関係する章に掲げることとさせていただいた。また、底本がある文献については、本文中で引用する際に底本を明記した。

▽古典テキスト

『古事記』倉野憲司校注（岩波文庫、一九六三年）

『日本書紀』坂本太郎・家永三郎・井上光貞・大野晋校注（岩波文庫、一九九四年）

『続日本紀　二』（新 日本古典文学大系）青木和夫・稲岡耕二・笹山晴生・白藤禮幸校注（岩波書店、一九八九年）

『風土記』（新編 日本古典文学全集）植垣節也校注・訳（小学館、一九九七年）

『萬葉集』（新編　日本古典文学全集）小島憲之・木下正俊・東野治之校注・訳（小学館、一九九四～九六年）
『萬葉集』（新　日本古典文学大系）佐竹昭広・山田英雄・工藤力男・大谷雅夫・山崎福之校注（岩波書店、一九九九～二〇〇三年）
『萬葉集索引』（新　日本古典文学大系　別巻）佐竹昭広・山田英雄・工藤力男・大谷雅夫・山崎福之編（岩波書店、二〇〇四年）
『拾遺和歌集』（新　日本古典文学大系）小町谷照彦校注（岩波書店、一九九〇年）
『新訂　魏志倭人伝　他三篇』石原道博編訳（岩波文庫、一九八五年）
『十六夜日記・夜の鶴』森本元子訳注（講談社学術文庫、一九七九年）
『芭蕉　おくのほそ道』萩原恭男校注（岩波文庫、一九七九年）
『古事記伝　一』倉野憲司校訂（岩波文庫、一九四〇年）
『口語訳　古事記［完全版］』三浦佑之（文藝春秋、二〇〇二年）
『日本書紀　全現代語訳』宇治谷孟（講談社学術文庫、一九八八年）
▽地名全般に関するもの
『地名の研究』柳田國男（講談社学術文庫、二〇一五年）
『地名の成立ち』山口恵一郎（徳間書店、一九六七年）
『地名』丹羽基二（秋田書店、一九七五年）
『地名の語源』鏡味完二・鏡味明克（角川書店、一九七七年）

『地名の由来』吉田茂樹（新人物往来社、一九七九年）
『図解雑学　日本の地名』吉田茂樹（ナツメ社、二〇〇五年）
『現代「地名」考』谷川健一編著（NHKブックス、一九七九年）
『日本の地名』谷川健一（岩波新書、一九九七年）
『神は細部に宿り給う――地名と民俗学』谷川健一（人文書院、一九八〇年）
『谷川健一全集15　地名二』（冨山房インターナショナル、二〇一一年）
『地名から歴史を読む方法』武光誠（KAWADE夢新書、一九九九年）
『奈良の地名由来辞典』池田末則編（東京堂出版、二〇〇八年）
『地名の社会学』今尾恵介（角川選書、二〇〇八年）
『地名の謎』今尾恵介（ちくま文庫、二〇一一年）
『この地名がすごい――日本の「珍地名」おもしろ話』今尾恵介（光文社知恵の森文庫、二〇一三年）
『日本の珍地名』竹内正浩（文春新書、二〇〇九年）
『地名は警告する――日本の災害と地名』谷川健一編（冨山房インターナショナル、二〇一三年）
『この地名が危ない――大地震・大津波があなたの町を襲う』楠原佑介（幻冬舎新書、二〇一一年）
『角川日本地名大辞典』「角川日本地名大辞典」編纂委員会編（角川書店、一九七八〜九〇年）
『増補　大日本地名辞書』吉田東伍（冨山房、一九六九〜七一年）
奈良文化財研究所「古代地名検索システム」http://chimei.nabunken.go.jp/

▽序章
『古事記講義』三浦佑之（文春文庫、二〇〇七年）
『日本人の姓・苗字・名前――人名に刻まれた歴史』大藤修（吉川弘文館、二〇一二年）

▽第一章
『東京時代――江戸と東京の間で』小木新造（講談社学術文庫、二〇〇六年）
『増補「名づけ」の精神史』市村弘正（平凡社ライブラリー、一九九六年）

▽第二章
『日本の近世　第8巻　村の生活文化』塚本学編（中公公論社、一九九二年）
『廃藩置県――「明治国家」が生まれた日』勝田政治（講談社選書メチエ、二〇〇〇年）
『町村合併から生まれた日本近代――明治の経験』松沢裕作（講談社選書メチエ、二〇一三年）
『神々の明治維新――神仏分離と廃仏毀釈』安丸良夫（岩波新書、一九七九年）
『神道とは何か――神と仏の日本史』伊藤聡（中公新書、二〇一二年）
『神道入門――日本人にとって神とは何か』井上順孝（平凡社新書、二〇〇六年）
『国家神道と日本人』島薗進（岩波新書、二〇一〇年）
『神社のいろは　続』神社本庁監修（扶桑社、二〇一三年）
国立歴史民俗博物館データベース「旧高旧領取調帳」https://www.rekihaku.ac.jp/up-cgi/login.pl?p=param/kyud/db_param

『〔縮刷版〕神道事典』國學院大學日本文化研究所編（弘文堂、一九九九年）

▽第三章
『日本の誕生』吉田孝（岩波新書、一九九七年）
『ヤマト王権　シリーズ日本古代史②』吉村武彦（岩波新書、二〇一〇年）
『古代国家はいつ成立したか』都出比呂志（岩波新書、二〇一一年）
『日本論の視座――列島の社会と国家』網野善彦（小学館ライブラリー、一九九三年）
『「日本」とは何か　日本の歴史00』網野善彦（講談社学術文庫、二〇〇八年）
『私の日本古代史（上・下）』上田正昭（新潮選書、二〇一二年）
『日本語の歴史』山口仲美（岩波新書、二〇〇六年）
『図解　日本の文字』沖森卓也・笹原宏之・常盤智子・山本真吾（三省堂、二〇一一年）
『古代文学講座10　古事記　日本書紀　風土記』古橋信孝・三浦佑之・森朝男編（勉誠社、一九九五年）

▽第四章
『原始日本語のおもかげ』木村紀子（平凡社新書、二〇〇九年）
『日本人〝魂〟の起源』上田正昭（情報センター出版局、二〇〇八年）
「箸墓物語について」土橋寛（「古代学研究」通巻七十二、一九七四年）
『うめぼし博士の逆・日本史〈神話の時代編〉』樋口清之（祥伝社、一九九五年）

▽第五章
『ヤマトコトバの考古学』木村紀子（平凡社、二〇〇九年）
「国語学におけるアイヌ語の問題」金田一京助（金田一京助選集Ⅲ『国語学論考』所収、三省堂、一九六二年）
「萬葉集と風土記に見られる不思議な言葉と上代日本列島に於けるアイヌ語の分布」（日文研フォーラム報告書）アレキサンダー・ヴォヴィン（国際日本文化研究センター、二〇〇九年）
『日本語の歴史1　民族のことばの誕生』亀井孝・大藤時彦・山田俊雄編（平凡社ライブラリー、二〇〇六年）
『日本人の誕生――人類はるかなる旅』埴原和郎（吉川弘文館、一九九六年）
『DNAで語る　日本人起源論』篠田謙一（岩波現代全書、二〇一五年）
『骨が語る日本人の歴史』片山一道（ちくま新書、二〇一五年）
『弥生時代の歴史』藤尾慎一郎（講談社現代新書、二〇一五年）
『農耕社会の成立　シリーズ日本古代史①』石川日出志（岩波新書、二〇一〇年）
『考古学でつづる日本史　市民の考古学4』藤本強（同成社、二〇〇八年）
『世界言語のなかの日本語――日本語系統論の新たな地平』松本克己（三省堂、二〇〇七年）
『日本語の成立』安本美典（講談社現代新書、一九七八年）
『DNAでたどる日本人10万年の旅――多様なヒト・言語・文化はどこから来たのか？』崎谷満（昭和堂、二〇〇八年）
『日本列島人の歴史』斎藤成也（岩波ジュニア新書、二〇一五年）

『縄文語の発見』小泉保（青土社、新装版二〇一三年）
『縄文の思考』小林達雄（ちくま新書、二〇〇八年）
『日本の伝統』岡本太郎（光文社知恵の森文庫、二〇〇五年）
「東歌の形成――『萬葉集』における〈あづまうた〉の成立」廣岡義隆（「三重大学日本語学文学」二〇〇三年）

▽第六章
『縄文学への道』小山修三（NHKブックス、一九九六年）
『人類史のなかの定住革命』西田正規（講談社学術文庫、二〇〇七年）
『縄文人の世界』小林達雄（朝日選書、一九九六年）
『縄文時代の知識　考古学シリーズ4』渡辺誠（東京美術、一九八三年）
『縄文文化と日本人』佐々木高明（講談社学術文庫、二〇〇一年）
『アイヌと縄文』瀬川拓郎（ちくま新書、二〇一六年）
『標準語引　分類方言辞典』東條操編（東京堂、一九五四年）
『全国方言辞典』東條操編（東京堂出版、一九五一年）
『うたと日本人』谷川健一（講談社現代新書、二〇〇〇年）
『折口信夫全集　第七巻　国文学篇1』（中公文庫、一九七六年）
『折口信夫全集　第八巻　国文学篇2』（中公文庫、一九七六年）
『折口信夫全集　第二十巻　神道宗教篇』（中公文庫、一九七六年）

『折口信夫全集 12 言語情調論・副詞表情の発生（言語論）』（中央公論社、一九九六年）
『折口信夫事典』西村亨編（大修館書店、一九八八年）
『枕詞と古代地名――やまとことばの源流を辿る』勝村公（批評社、二〇〇五年）
『日本人にとって聖なるものとは何か』上野誠（中公新書、二〇一五年）
『言霊とは何か』佐佐木隆（中公新書、二〇一三年）

▽終章

『三輪山の神々』上田正昭・門脇禎二・櫻井治男・塚口義信・和田萃編（学生社、二〇〇三年）
『蛇――日本の蛇信仰』吉野裕子（講談社学術文庫、一九九九年）
『山の神――易・五行と日本の原始蛇信仰』吉野裕子（講談社学術文庫、二〇〇八年）
『天災と日本人――寺田寅彦随筆選』寺田寅彦（角川ソフィア文庫、二〇一一年）
『日本人の神』大野晋（河出文庫、二〇一三年）
『風土』和辻哲郎（岩波文庫、一九七九年）
国土地理院「5万分1集成図〔奈良〕」http://www.gsi.go.jp/chizuhensyu/chizuhensyu41001.html

新潮選書

地名《ちめい》の謎《なぞ》を解《と》く――隠《かく》された「日本《にほん》の古層《こそう》」

著　者………………伊東《いとう》ひとみ

発　行………………2017年 7 月25日
2　刷………………2017年12月25日

発行者………………佐藤隆信
発行所………………株式会社新潮社
〒162-8711 東京都新宿区矢来町71
電話　編集部 03-3266-5411
読者係 03-3266-5111
http://www.shinchosha.co.jp
印刷所………………株式会社三秀舎
製本所………………株式会社大進堂

乱丁・落丁本は、ご面倒ですが小社読者係宛お送り下さい。送料小社負担にてお取替えいたします。
価格はカバーに表示してあります。

ISBN978-4-10-603812-9 C0325